# Contabilidade de receitas, contingências e grupos empresariais

PUBLICAÇÕES
FGV Management

CONTABILIDADE E AUDITORIA

# Contabilidade de receitas, contingências e grupos empresariais

Suênia Oliveira de Almeida Santos do Nascimento
Renata Ribeiro Lopes

EDITORA
IDE

Copyright © 2017 Suênia Graziella Oliveira de Almeida Santos do Nascimento,
Renata Ribeiro Lopes

Direitos desta edição reservados à
EDITORA FGV
Rua Jornalista Orlando Dantas, 37
22231-010 – Rio de Janeiro, RJ – Brasil
Tels.: 0800-021-7777 – 21-3799-4427
Fax: 21-3799-4430
editora@fgv.br – pedidoseditora@fgv.br
www.fgv.br/editora

Impresso no Brasil / *Printed in Brazil*

Todos os direitos reservados. A reprodução não autorizada desta publicação, no todo ou em parte, constitui violação do copyright (Lei nº 9.610/98).

Os conceitos emitidos neste livro são de inteira responsabilidade dos autores.

1ª edição – 2017

PREPARAÇÃO DE ORIGINAIS: Sandra Frank
REVISÃO: Aleidis de Beltran
CAPA: aspecto:design
IMAGEM DA CAPA: antishock | 123rf.com
PROJETO GRÁFICO DE MIOLO: Ilustrarte
EDITORAÇÃO: Abreu's System

---

Ficha catalográfica elaborada pela Biblioteca Mario Henrique Simonsen/FGV

Nascimento, Suênia Graziella Oliveira de Almeida Santos do.
  Contabilidade de receitas, contingências e grupos empresariais / Suênia Graziella Oliveira de Almeida Santos do Nascimento, Renata Ribeiro Lopes. – Rio de Janeiro : FGV Editora, 2017.
  192 p.

  Publicações FGV Management
  Inclui bibliografia
  ISBN: 978-85-225-1974-3

  1. Contabilidade. 2. Contabilidade – Normas. 3. Balanço (Contabilidade). 4. Auditoria. I. Lopes, Renata Ribeiro. II. Fundação Getulio Vargas. III. FGV Management. IV. Título.

CDD – 657.3

*Aos nossos alunos e aos nossos colegas docentes, que nos levam a pensar e repensar nossas práticas.*

# Sumário

Apresentação     9
Introdução     13

**1 | Estrutura conceitual para elaboração e divulgação de relatório contábil-financeiro (*framework*)**     17
    Panorama geral do processo de convergência     17
    Objetivos e usuários das demonstrações financeiras     20
    Características qualitativas da informação contábil-financeira     26
    Valor justo e essência sobre a forma     38
    Principais elementos     43

**2 | Provisões, ativo e passivo contingente**     53
    Contextualização conceitual     53
    Provisão, passivo contingente e outros passivos     59
    Reconhecimento e divulgação     63
    Mensuração     71
    Baixa     73
    Critérios de julgamento e estimativas contábeis     73
    Efeitos nas demonstrações financeiras     75

**3 | Receita de vendas e de serviços**     79
    Aspectos introdutórios     79

| | |
|---|---|
| Reconhecimento | 83 |
| Receita de venda de bens | 86 |
| Receita de prestação de serviços | 93 |
| Mensuração | 100 |
| Evidenciação | 103 |
| IFRS 15: novos delineamentos na contabilização das receitas | 103 |
| | |
| **4 | Investimento em coligada e controlada** | **115** |
| Aspectos introdutórios | 115 |
| Investimentos: instrumento financeiro e instrumento patrimonial | 117 |
| Investimento em coligadas | 125 |
| Investimento em controladas | 128 |
| Método de avaliação: equivalência patrimonial | 133 |
| Perdas por redução ao valor recuperável | 143 |
| | |
| **5 | Demonstrações consolidadas** | **147** |
| Aspectos introdutórios | 147 |
| Grupo econômico | 152 |
| Procedimentos para elaboração das demonstrações consolidadas | 156 |
| Evidenciação | 179 |
| | |
| Conclusão | 181 |
| Referências | 185 |
| Sobre os autores | 191 |

# Apresentação

Este livro compõe as Publicações FGV Management, programa de educação continuada da Fundação Getulio Vargas (FGV).

A FGV é uma instituição de direito privado, com mais de meio século de existência, gerando conhecimento por meio da pesquisa, transmitindo informações e formando habilidades por meio da educação, prestando assistência técnica às organizações e contribuindo para um Brasil sustentável e competitivo no cenário internacional.

A estrutura acadêmica da FGV é composta por nove escolas e institutos, a saber: Escola Brasileira de Administração Pública e de Empresas (Ebape), dirigida pelo professor Flavio Carvalho de Vasconcelos; Escola de Administração de Empresas de São Paulo (Eaesp), dirigida pelo professor Luiz Artur Ledur Brito; Escola de Pós-Graduação em Economia (EPGE), dirigida pelo professor Rubens Penha Cysne; Centro de Pesquisa e Documentação de História Contemporânea do Brasil (Cpdoc), dirigido pelo professor Celso Castro; Escola de Direito de São Paulo (Direito GV), dirigida pelo professor Oscar Vilhena Vieira; Escola de Direito do Rio de Janeiro (Direito Rio), dirigida pelo professor Sérgio Guerra; Escola de Economia de São Paulo (Eesp), dirigida pelo professor Yoshiaki Nakano; Instituto Brasileiro de Economia (Ibre), dirigido pelo professor Luiz Guilherme Schymura de Oliveira; e Escola de Matemática Aplicada (Emap), dirigida pela professora Maria Izabel Tavares Gramacho. São diversas unidades com a marca FGV, trabalhando com a mesma filosofia: gerar e disseminar o conhecimento pelo país.

Dentro de suas áreas específicas de conhecimento, cada escola é responsável pela criação e elaboração dos cursos oferecidos pelo Instituto de Desenvolvimento Educacional (IDE), criado em 2003, com o objetivo de coordenar e gerenciar uma rede de distribuição única para os produtos e serviços educacionais produzidos pela FGV, por meio de suas escolas. Dirigido pelo professor Rubens Mario Alberto Wachholz, o IDE conta com a Direção de Gestão Acadêmica (DGA), pelo professor Gerson Lachtermacher, com a Direção da Rede Management pelo professor Silvio Roberto Badenes de Gouvea, com a Direção dos Cursos Corporativos pelo professor Luiz Ernesto Migliora, com a Direção dos Núcleos MGM Brasília, Rio de Janeiro e São Paulo pelo professor Paulo Mattos de Lemos, com a Direção das Soluções Educacionais pela professora Mary Kimiko Magalhães Guimarães Murashima. O IDE engloba o programa FGV Management e sua rede conveniada, distribuída em todo o país e, por meio de seus programas, desenvolve soluções em educação presencial e a distância e em treinamento corporativo customizado, prestando apoio efetivo à rede FGV, de acordo com os padrões de excelência da instituição.

Este livro representa mais um esforço da FGV em socializar seu aprendizado e suas conquistas. Ele é escrito por professores do FGV Management, profissionais de reconhecida competência acadêmica e prática, o que torna possível atender às demandas do mercado, tendo como suporte sólida fundamentação teórica.

A FGV espera, com mais essa iniciativa, oferecer a estudantes, gestores, técnicos e a todos aqueles que têm internalizado o conceito de educação continuada, tão relevante na era do conhecimento na qual se vive, insumos que, agregados às suas práticas, possam contribuir para sua especialização, atualização e aperfeiçoamento.

*Rubens Mario Alberto Wachholz*
Diretor do Instituto de Desenvolvimento Educacional

*Sylvia Constant Vergara*
Coordenadora das Publicações FGV Management

# Introdução

O objetivo deste livro é apresentar aos leitores conteúdos acerca das normas brasileiras de contabilidade, recentemente alteradas e alinhadas às normas internacionais de contabilidade, que versam sobre as provisões, investimentos, receitas e consolidação das demonstrações contábeis. A necessidade de uma literatura atualizada se dá porque vivemos um momento único na contabilidade brasileira, pois antes da introdução das normas internacionais, as diferentes interpretações das mesmas transações levavam à falta de comparabilidade entre as demonstrações contábeis, fazendo com que a informação contábil perdesse credibilidade no cenário mundial. Nesse sentido, após a convergência da contabilidade brasileira aos padrões internacionais, as alterações em curso nas normas estão em fase final e praticamente consolidadas.

Este livro está estruturado em cinco capítulos. O primeiro deles contextualiza o processo de convergência, apresenta as origens e as necessidades que impulsionaram a adequação das normas brasileiras de contabilidade às normas internacionais e disserta sobre a tendência global de harmonização das práticas contábeis em busca de uma linguagem universal única. Além disso, aborda a base conceitual para elaboração e divulgação de relatório contábil-financeiro, apresenta o objetivo das demonstrações contábeis, as características qualitativas necessárias para que esse objetivo seja alcançado e os componentes patrimoniais e de resultado.

No segundo capítulo, evidenciamos como as transações que estão na contingência de se concretizar impactam a contabilização das provisões. Além disso, buscamos evidenciar o tratamento contábil para as obrigações e os direitos que ocorrerão numa data futura, mas que podem influenciar a tomada de decisão atual por parte dos usuários da informação contábil.

O terceiro capítulo aborda aspectos avançados na contabilização das receitas. Apresentamos os pressupostos envolvidos na definição do momento em que ocorre a transferência dos riscos e benefícios do vendedor para o comprador, considerado o critério mais importante entre as condições de reconhecimento de receita de vendas. Abordamos também o tratamento contábil a ser adotado para as receitas de prestação de serviços. Ademais, não podemos deixar de ressaltar que a norma relacionada às receitas, no ano de 2016, está em atual estágio de transformação e, por isso, abordaremos o pronunciamento vigente atual no Brasil, CPC 30 (R1) – Receitas, bem como a IFRS 15 – Receitas de Contrato com Cliente, cuja expectativa de vigência ocorrerá, com exercícios iniciados em 2018.

No quarto capítulo, são analisados os critérios adotados para contabilizar os investimentos e os julgamentos necessários para classificar as investidas em coligadas ou controladas. Evidenciamos também como se dá a avaliação de tais investimentos no momento do reconhecimento e na mensuração subsequente.

O quinto e último capítulo versa sobre as demonstrações contábeis de grupos econômicos, comumente denominadas "demonstrações consolidadas". As companhias controladoras e controladas precisam apresentar os componentes patrimoniais, de resultado e de fluxos de caixa, como se fossem uma única empresa objeto de contabilização, apesar de terem CNPJs diferentes.

Buscando facilitar a compreensão e absorção dos temas abordados neste livro, apresentamos os conceitos trazidos pela teoria, relacionando-os com a realidade vivenciada na prática de mercado. Assim, ao longo dos assuntos apresentados, ilustraremos com um quadro denominado "na prática de mercado" exemplos práticos e casos reais, não identificando, no entanto, as entidades envolvidas. A exceção ocorre no quinto capítulo, em que os casos práticos são apresentados por meio de tabelas, por serem inerentes aos papéis de trabalho da consolidação.

Por fim, na conclusão, apresentamos uma visão geral sobre a contabilização das receitas, contingências e grupos empresariais, bem como retomamos os principais aspectos quanto ao seu impacto no mercado brasileiro. Além disso, abordamos as possíveis alterações prospectivas em pronunciamentos contábeis que podem afetar os assuntos abordados nos capítulos apresentados.

Boa leitura.

# 1
# Estrutura conceitual para elaboração e divulgação de relatório contábil-financeiro (*framework*)

Neste capítulo, traçamos um panorama geral sobre o processo de convergência da contabilidade brasileira aos padrões internacionais, bem como sobre a importância da sofisticação no tratamento contábil devido à atual complexidade das operações organizacionais.

Além disso, apresentamos o objetivo das demonstrações contábeis, quais os elementos envolvidos em tais demonstrações e a estrutura conceitual básica que guia o tratamento devido aos fatos contábeis.

## Panorama geral do processo de convergência

O contexto econômico de determinado local e o desenvolvimento de sua contabilidade estão intimamente interligados, pois o modelo contábil será determinado pelo processo pelo qual passou a formação da riqueza daquele lugar.

Nesse sentido, após a Grande Depressão ocorrida na crise econômica de 1929, com a queda da bolsa de valores de Nova York, o modelo contábil americano começou a ser questionado, especificamente o processo de regulação e as normas de contabilidade. O Instituto Americano de Contadores Públicos Certificados (AICPA) criou um conselho voltado para emissão de normas contábeis nos

Estados Unidos que, mais tarde, na década de 1970, transformar-se-ia num órgão independente denominado Financial Accounting Standards Board (Fasb).

Na mesma época, foi criado um órgão de caráter mundial para emissão de normas internacionais de contabilidade, chamado de Internacional Accounting Standards Comitte (Iasc), formado por entidades profissionais contábeis de diferentes países. Em 2001, o referido órgão passou por uma reestruturação, em que a área técnica, separada da área administrativa, passou a ser denominada Internacional Accounting Standards Board (Iasb). Um detalhe importante nessa mudança é que os novos pronunciamentos contábeis passaram a ser chamados de Internacional Financial Report Standard (IFRS), em vez de Internacional Accounting Standard (IAS), embora ainda existam algumas IAS vigentes. Observe, leitor, que a proposta do órgão foi ampliar o alcance da emissão dos normativos, abrangendo não só as questões meramente contábeis, mas também as relacionadas a um maior nível de transparência e desempenho das organizações.

Assim, com o fluxo internacional de capitais, com a formação de blocos econômicos e a intensificação das transações comerciais entre diferentes nações, começou a surgir a necessidade de os países convergirem para o mesmo padrão de normas contábeis, para que pudessem contabilizar os fatos contábeis num parâmetro comum e assim, então, possibilitar comparabilidade. Esse processo é denominado "convergência da contabilidade aos padrões internacionais".

Os investidores, atualmente ativos em diversos países, necessitavam de uma linguagem contábil única, baseada em critérios e normas comuns de reconhecimento, mensuração e divulgação que lhes permitissem obter uma interpretação melhor quanto às informações contábil-financeiras disponibilizadas pelas empresas, alvo de investimentos, facilitando a compreensão e comparabilidade dessas informações para a tomada de decisão.

Havia diferentes formas de contabilizar as mesmas transações por alguns motivos; um deles diz respeito ao foco em usuários distintos. O principal usuário da contabilidade brasileira surgiu, no seu modelo de concepção, na exploração do Brasil, enquanto colônia de Portugal. Assim, a formação da riqueza e, consequentemente, o modelo contábil brasileiro, foram direcionados para o recolhimento de tributos para a Coroa lusitana; logo, o fisco passou a ser o foco de nossa contabilidade. Se observarmos, por exemplo, o modelo da Inglaterra, país com tradição em mercado de capitais devido à Revolução Industrial, a contabilidade inglesa direcionou seu alvo para investidores. Então, o foco nos usuários da informação, do ponto de vista contábil, está intimamente ligado ao processo histórico-cultural.

Outra dificuldade na adoção das normas internacionais reside na existência de diferentes sistemas legais dos países que passaram pelo processo de convergência. O sistema legal de um país nada mais é do que um conjunto de normas jurídicas que visam disciplinar a convivência social. No Brasil, por exemplo, o sistema legal era baseado em regras, conhecido como *Code Law*, e todo o processo de registro dos fatos contábeis era feito com base no que estava estritamente determinado em lei. De outro modo, na Inglaterra, o sistema legal é baseado nos usos e costumes, denominado *Common Law*, de tal forma que os fatos contábeis são registrados com base no julgamento da administração da entidade sobre determinada transação. Podemos citar como exemplo a depreciação de um equipamento. No contexto brasileiro, era levada em consideração, para qualquer imobilizado, apenas a tabela, com as taxas de depreciação, contida no Regulamento do Imposto de Renda, enquanto que na realidade inglesa a depreciação é calculada com base no uso que é dado aos equipamentos, podendo haver diferentes taxas para o mesmo tipo de imobilizado.

O processo de convergência no Brasil se iniciou em 2008, com a promulgação da Lei nº 11.638/2007, que alterou a Lei das S/A. No entanto, sua origem permeia o ano de 2005, quando foi criado o Comitê de Pronunciamentos Contábeis (CPC), órgão responsável pelo estudo, preparação e emissão de normas contábeis que por si sós, não têm força de lei, mas quando endossadas por órgãos reguladores, tornam-se obrigatórias. Vale salientar que, devido à relevância de tais normas, todos os pronunciamentos emitidos pelo CPC já foram endossados pelos principais órgãos reguladores do Brasil.

Atualmente, mais de 130 países adotam as IFRS e, no Brasil, passamos da fase de implementação das normas para a fase de consolidação. Após esta contextualização histórica, vamos evidenciar quais os objetivos e usuários das demonstrações financeiras.

### Objetivos e usuários das demonstrações financeiras

A estrutura conceitual teve sua primeira versão, enquanto norma emitida pelo Comitê de Pronunciamentos Contábeis, no ano de 2008, logo após a formalização do processo de convergência da contabilidade brasileira aos padrões internacionais. No entanto, por ser um pronunciamento que advém do *framework* do Iasb, cuja atualização está em andamento, em 2011 houve a necessidade de alteração devido a mais uma fase que foi concluída. As atualizações feitas nos pronunciamentos são chamadas de revisões, simbolizadas pela letra "R". Assim, o prefácio do Pronunciamento Conceitual Básico, após sua primeira revisão (R1), explica como está sendo conduzido o processo de atualização:

> O processo de atualização da Estrutura Conceitual está sendo conduzido em fases. À medida que um capítulo é finalizado, itens da Estrutura Conceitual para Elaboração e Apresentação das Demonstrações Contábeis, que foi emitida em 1989, vão sendo substituídos. Quando finalizada, haverá um único documento,

denominado Estrutura Conceitual para Elaboração e Divulgação de Relatório Contábil-Financeiro (*The Conceptual Framework for Financial Reporting*), que abrangerá outros relatórios, além das demonstrações contábeis [CPC 00 (R1)].

Note, leitor, que houve uma mudança na nomenclatura do pronunciamento, deixando de ser "Estrutura Conceitual para Elaboração e Apresentação das Demonstrações Contábeis", para ser renomeado "Estrutura Conceitual para Elaboração e Divulgação de Relatório Contábil-Financeiro". Isso ocorreu pela mesma circunstância que motivou a mudança do termo "IAS" para "IFRS", detalhada acima, ou seja, o objetivo foi abranger não apenas as demonstrações contábeis como também outros tipos de relatórios, a fim de divulgar questões relativas aos desempenhos operacional e administrativo das organizações.

Assim, as demonstrações contábil-financeiras possuem o objetivo fundamental de retratar fidedignamente a posição patrimonial das entidades em determinada data e os resultados econômicos e financeiros gerados por suas operações em determinado período.

A contabilidade é um instrumento para o reconhecimento, mensuração e divulgação dos resultados de natureza econômico--financeira e de produtividade auferidos por determinada entidade no desempenho de suas atividades operacionais e não operacionais.

Todos os esforços e ações desempenhados pela entidade resultam na geração de valor econômico ao longo de sua continuidade e existência. Nesse sentido, a entidade prepara periodicamente informações contábil-financeiras que retratam sua performance e posição patrimonial em determinado período com o intuito de reporte e divulgação para usuários internos e externos.

Desta forma, caro leitor, o principal objetivo das demonstrações contábil-financeiras é auxiliar os usuários dessas demonstrações na obtenção de informações úteis para tomada de decisões e informar como tais demonstrações foram preparadas quanto ao enfoque e premissas adotados pela administração na formulação de tais informações, considerando as leis, normas, interpretações, orientações e comunicados técnicos aplicáveis às operações da entidade. De acordo com pronunciamento conceitual básico, o objetivo do relatório contábil-financeiro é:

> Fornecer informações contábil-financeiras acerca da entidade que reporta essa informação (*reporting entity*) que sejam úteis a investidores existentes e em potencial, a credores por empréstimos e a outros credores, quando da tomada decisão ligada ao fornecimento de recursos para a entidade. Essas decisões envolvem comprar, vender ou manter participações em instrumentos patrimoniais e em instrumentos de dívida, e a oferecer ou disponibilizar empréstimos ou outras formas de crédito [CPC 00 (R1), § OB.2].

Observe que o objetivo da informação contábil-financeira deve retratar algo, que seriam as informações úteis, para alguém, que seriam os usuários de tais informações. Assim, no que se refere aos usuários das demonstrações contábil-financeiras, podemos classificá-los em dois grupos: usuários primários e outros tipos de usuários. Vamos tratar, a seguir, de cada grupo.

Primeiramente, vamos buscar entender como se dá a relação da entidade com os usuários primários. Com a elaboração e apresentação dos relatórios contábil-financeiros, alguns usuários serão impactados de forma mais sensível às políticas financeiras e operacionais da entidade; são os chamados usuários primários. Sendo assim, as empresas devem dar uma atenção especial a tais usuários, sem, no entanto, criar uma hierarquia, de modo que seus direitos estejam garantidos e protegidos. Como principal exemplo desse tipo de usuário, têm-se os investidores e credores, tanto os existentes quanto os potenciais, estando ambos interessados na capacidade da entidade em gerar benefício econômico para rentabilizar seus investimentos ou viabilizar o cumprimento de obrigações de crédito perante credores.

Os investidores já existentes possuem instrumentos patrimoniais da entidade, os quais podem ser exemplificados por: participação acionária direta, cotas patrimoniais, debêntures conversíveis em ações ou qualquer outra forma de investimento societário. Já os investidores em potencial são usuários primários interessados na performance econômico-financeira da entidade, assim como em sua posição patrimonial, que podem influenciar diretamente as decisões de manutenção, compra ou venda de instrumentos patrimoniais. Imagine que você, leitor, deseja adquirir ações de uma entidade negociada em mercado ativo – a informação quanto ao retorno esperado desse investimento é relevante e é representada, por exemplo, pelos dividendos pagos, acréscimos nos preços de mercado desses instrumentos financeiros, lucro apurado e expectativa de geração de caixa no futuro.

Da mesma forma que os investidores, os credores por empréstimos e outros credores existentes, por exemplo os fornecedores, possuem interesse, como usuários primários, nas informações contábil-financeiras, tendo em vista que, com base na performance e liquidez da entidade, extraem dados importantes, contidos nesses relatórios, quanto à sua capacidade em honrar com compromissos de dívida e em gerar benefícios econômicos e fluxos de caixa futuros por meio das suas operações. Nesse contexto, a avaliação da solvência e da capacidade de continuidade da entidade é fator relevante para evitar futuras perdas para os credores supracitados.

De forma secundária, mas não menos importante, a norma elenca que existem outros tipos de usuários que devem ser considerados potenciais interessados nas informações reportadas pelas entidades. Observe leitor, a seguir, alguns exemplos destes usuários e algumas informações sobre eles:

- *a própria administração* – incluem-se nessa terminologia a diretoria, presidência, conselhos, comitês e grupo executivo em geral, os quais possuem interesse nas informações contábil-financeiras, pois mesmo sendo capazes de obter dados internamente, possuem responsabilidade quanto às informações divulgadas à sociedade como um todo, além de serem os agentes tomadores de decisão e responsáveis pelas estratégias e ações adotadas e a serem utilizadas pela entidade no curso normal de suas atividades;
- *governo* – utiliza os relatórios como ferramenta para fiscalizações, arrecadação de impostos e fonte para desenvolvimento de políticas públicas e elaboração de índices econômicos;
- *clientes* – exigentes e cada vez mais conscientes da importância de consumir produtos e receber serviços de entidades que adotam práticas sustentáveis;
- *concorrentes* – diretos ou indiretos, esses usuários estão sempre ávidos e atentos no sentido de obter informações sobre possíveis ameaças e oportunidades relacionadas ao mercado do seu negócio;
- *outros interessados* – esse grupo possui interesse nas informações econômico-financeiras das entidades porque influenciará ou será impactado por suas atividades organizacionais. Como exemplo, podemos citar os funcionários, sindicatos, órgãos de classe, agências de risco, professores e estudantes, entre outros.

Os usuários devem entender os princípios, políticas e práticas contábeis adotadas pela entidade para que possam interpretar de forma correta as informações divulgadas, sendo a falta de compreensão dos fundamentos contábeis causadora de erros na interpretação dos resultados reportados. Da mesma forma, caro leitor, outros aspectos devem ser levados em consideração pelos usuários para tomada de decisões, entre os quais podemos destacar o ambiente e os bastidores.

Os *ambientes* econômico, político, legal, operacional e social no qual a entidade está inserida podem influenciar de forma positiva ou negativa as operações da mesma. Por exemplo: variações cambiais das moedas relacionadas às transações correntes, oscilações nas taxas de juros, alterações em normas locais, surgimento de novas tecnologias e de novos concorrentes devido à queda nas barreiras de entrada do setor, progressos ou incertezas no panorama político e perspectivas para a indústria de atuação da entidade, entre outros.

A compreensão sobre os *bastidores* da entidade torna-se estratégica para os tomadores de decisão, tendo em vista sua influência nas políticas operacionais e financeiras da empresa. Podemos citar alguns exemplos acerca dos bastidores da empresa, a saber:

- os controles internos representados pelos procedimentos, manuais e normas internas, que maximizam a eficiência nos processos operacionais e minimizam os riscos de erros, fraudes e incertezas;
- as estimativas e julgamentos utilizados para elaboração das demonstrações contábeis;
- os planos estratégicos de curto e longo prazos projetados;
- as ações adotadas pela administração para estar em conformidade com normas e regulamentos internos e externos, e com as melhores práticas de governança corporativa;
- o enfoque utilizado para gestão de riscos aplicáveis à entidade.

Por fim, apresentados os objetivos das informações contábil-financeiras e os usuários com potencial interesse nessas informações, voltar-nos-emos para estudos que objetivam compreensão sobre pressupostos básicos dos fundamentos qualitativos e de melhoria que norteiam a elaboração e interpretação das demonstrações contábeis.

## Características qualitativas da informação contábil-financeira

Vejamos agora os atributos que devem estar contidos nas informações contábil-financeiras, conforme previsto pelo Pronunciamento Conceitual Básico. A informação contábil-financeira precisa ser útil, podendo ser utilizada pelos investidores e credores existentes ou potenciais para tomada de decisão econômica sobre a organização à qual se reportam os relatórios. Deve-se observar sempre a relação custo *versus* benefício para gerar tal informação, pois uma informação útil não necessariamente é exata devido ao critério da materialidade, que será tratado mais adiante.

Observe que as características qualitativas da informação contábil-financeira estão diretamente relacionadas ao grau de utilidade para os usuários, ou seja, ao quão útil aquela informação pode ser para auxiliá-los em suas demandas. No entanto, para que a informação seja útil, é fundamental que ela seja relevante e que represente fidedignamente a realidade patrimonial e financeira da entidade. Além disso, para melhorar o grau de utilidade da informação contábil-financeira é necessário que ela seja comparável, verificável, tempestiva e compreensível. Essa classificação pode ser vista na figura 1.

A qualidade da informação contábil-financeira é classificada em duas vertentes: características *fundamentais* e características de *melhoria*. Vamos detalhar primeiramente aquelas que são primordiais, ou seja, fundamentais.

Fundamentalmente, para que a informação se torne *relevante*, ela precisa fazer a diferença na tomada de decisão dos usuários, de modo que sua ausência poderia prejudicar ou modificar a escolha

**Figura 1**
Características qualitativas da informação contábil-financeira

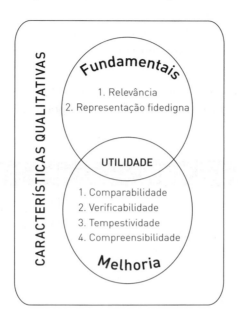

do caminho a ser seguido, ou seja, a escolha poderia ter sido outra se os interessados tivessem tomado ciência prévia de tal informação contábil-financeira. A ausência, ou omissão, está atrelada ao conceito de materialidade, segundo o qual uma informação será material se, com sua falta, houver prejuízo na tomada de decisão; caso contrário, a informação será imaterial e, por isso, irrelevante.

Cabe salientar que a norma não prescreve limite quantitativo para estabelecer a partir de que valor a informação é material, tendo em vista que há muitas variáveis envolvidas, como setor de atuação, tipo de empresa, área etc. Além disso, tal informação fará diferença no processo decisório e, portanto, será relevante, se tiver valor preditivo, valor confirmatório ou ambos. Nesse quesito, o CPC 00 (R1), § Q7, assegura que a informação contábil-financeira possui:

- *valor preditivo* – quando pode ser utilizada como dado de entrada em processos empregados pelos usuários para predizer futuros resultados;
- *valor confirmatório* – quando pode servir de *feedback* para avaliações prévias (confirmá-las ou alterá-las).

Vamos observar, por meio do exemplo apresentado a seguir, quando a informação contábil-financeira pode ter valor preditivo e/ou confirmatório.

### NA PRÁTICA DE MERCADO

Quando os gestores da organização estão utilizando as informações contábeis pretéritas para elaborar seus orçamentos, que são voltados para o futuro, é um típico exemplo de valores preditivos, ou seja, com base no passado consegue-se prever a capacidade de gerar fluxos de caixa futuros.

Além disso, o próprio regime de competência, ao registrar o fato no momento em que seus efeitos são produzidos, também tem capacidade de previsão, tendo em vista que permite a visualização da expectativa de realização dos recebíveis futuros, oriundos de vendas a prazo, ou da liquidação de obrigações, geradas por compras a prazo. À medida que os prazos vão se realizando, os usuários podem confirmar, por exemplo, nas demonstrações intermediárias, se a empresa está cumprindo com os compromissos assumidos e recebendo os valores prometidos. Tem-se aí um exemplo de valor confirmatório.

De outro modo, quando uma empresa solicita empréstimo, a instituição financeira requer várias informações contábeis a fim de prever a capacidade de geração futura de caixa, bem como de confirmar se as informações prestadas pela empresa estão em consonância com a análise de crédito realizada previamente. Nesse caso, ambas as características, de natureza preditiva e confirmatória, podem ser visualizadas.

Obs.: Demonstrações intermediárias são aquelas com período inferior a um exercício social completo, normalmente divulgadas como informações trimestrais (ITR).

A segunda característica qualitativa fundamental diz respeito à *representação fidedigna*. Para que a informação contábil-financeira tenha utilidade, além de ser relevante precisa demonstrar fielmente a realidade das transações, de modo que represente fidedignamente os fenômenos patrimoniais e financeiros da organização em data e período determinados. Antes da revisão realizada pelo Conselho Federal de Contabilidade (CFC), em 2011, no Pronunciamento Conceitual Básico, existia uma característica denominada confiabilidade, a qual foi alterada para representação fidedigna por se tratar de uma denominação mais completa e legítima para demonstrar como a informação contábil deve ser retratada pela entidade.

Para representar fielmente as transações ocorridas, a organização deve observar o que existe por trás de cada nota fiscal, contrato ou acordo, deve ir a fundo na verificação da essência econômica do fenômeno, ainda que a forma jurídica demonstre uma realidade diferente, que pode estar camuflada por excessos de termos e cumprimento de regras. Esse assunto será tratado mais detalhadamente no tópico "Valor justo e essência sobre a forma", deste capítulo.

Para serem fidedignas, todas as demonstrações devem ser reflexos de uma informação completa, neutra e livre de erros. Observe a figura 2 com os atributos da representação fidedigna.

**Figura 2**
Atributos da representação fidedigna

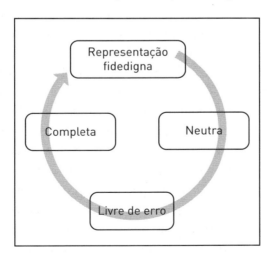

Quando falamos em uma informação *completa*, estamos nos referindo a uma informação com o máximo de esclarecimentos e exposições que possam facilitar o entendimento pelo usuário, ou seja, representar quantitativamente e qualitativamente o fenômeno em questão.

Para uma informação ser *neutra*, ela precisa ser imparcial, e a organização deve analisar as transações com ceticismo e responsabilidade, de modo que não haja influência do comportamento do produtor da informação e nem exista seleção, provida de viés, do fenômeno a ser apresentado. Analogamente, os responsáveis por revisar as informações contábil-financeiras, no papel dos auditores independentes, igualmente devem garantir a neutralidade e independência para efetivo julgamento. Assim, não deve haver manipulação de informação que leve o usuário a uma análise enviesada da realidade econômico-financeira da empresa, sendo a neutralidade um atributo presente também como um pilar das práticas de governança corporativa.

Na versão anterior do CPC 00 (R1), a característica prudência era tratada como um aspecto intrínseco da representação fidedigna, naquele momento denominada confiabilidade. Após a revisão realizada no pronunciamento em 2011, a prudência deixou de ser tratada como elemento inerente à representação fidedigna, por sua essência ir de encontro ao conceito da neutralidade. Assim, quando existirem duas opções para valorar ativos e passivos, deve-se observar aquela que melhor reflete a realidade patrimonial, pois ao se estabelecerem como regra maiores valores para passivos e menores valores para ativos, sem analisar com cautela, estar-se-á evidenciando uma informação parcial e enviesada.

O atributo *livre de erro* não quer dizer rigorosidade na precisão da informação; significa que houve cautela na obtenção dos dados necessários para gerá-la e não houve omissão de nenhum fato. O CPC 00 (R1), § QC15, assegura que se a natureza e as limitações no processo de produção da informação forem devidamente reveladas, e nenhum erro tiver sido cometido na seleção e aplicação do processo apropriado para desenvolvimento da estimativa, a informação contábil está livre de erro.

> **NA PRÁTICA DE MERCADO**
>
> Vamos ilustrar os três atributos da representação fidedigna por meio de uma situação prática. Uma empresa vai realizar teste de imparidade nos ativos, ou seja, verificar se o valor registrado na contabilidade está compatível com o valor que se consegue recuperar por tais itens. Imagine que a empresa, com base em dados históricos, verificou que não conseguirá receber todos os valores devidos pelos seus clientes, fazendo com que surja a necessidade de constituir uma perda estimada para crédito de liquidação duvidosa, antes denominada "provisão para devedores duvidosos".
>
> Tal informação estará completa quando a empresa evidenciar o valor estimado da perda, a subconta que reduz a conta "clientes ou duplicatas a receber" e também todas as informações adicionais, em notas explicativas, acerca dos detalhes sobre a apuração e expectativas de perda. Além disso, essa operação será considerada neutra se a empresa não estiver manipulando as informações para aumentar a perda e, consequentemente, inflar as despesas no resultado, tendo em vista que para fins societários o critério é subjetivo e pode ser usado com base no histórico de perdas. Para fins tributários, o critério é bem mais objetivo, com todas as possibilidades de reconhecimento de perdas de créditos detalhadas no Regulamento do Imposto de Renda de 1999, sendo uma informação mais exata, porém menos relevante, pois pode não representar fielmente a real expectativa de perdas de crédito.
>
> Por fim, o processo de mensuração dessas possíveis perdas estará livre de erro se a organização tiver feito todo o esforço necessário para levantar todos os dados observáveis, como natureza e montante de crédito, por exemplo, para estimar a perda. Observe que isso não significa que a informação será exata, tendo em vista que a própria palavra "estimativa" já descreve a ideia de incerteza, porém traduz fidedignamente a real possibilidade do não recebimento com base nas melhores expectativas no momento.

Vamos agora tratar das características qualitativas de melhoria, consideradas como os atributos que aprimoram a qualidade da informação, considerada relevante e fidedignamente representada. São elas: comparabilidade, verificabilidade, tempestividade e compreensibilidade.

## 1. Comparabilidade

No mundo dos negócios há uma necessidade constante de escolher qual a melhor alternativa diante de determinado cenário; é o que chamamos de processo de decisão. Nesse sentido, o usuário da informação contábil-financeira precisa de referências, as quais devem estar no mesmo padrão, para que ele consiga tomar decisão em relação às alternativas disponíveis.

Assim, a informação precisa ser elaborada segundo os mesmos critérios de anos anteriores e conforme o padrão de normas vigentes, de modo que o usuário tenha a possibilidade de comparar o desempenho da empresa com relação a outras empresas do mesmo setor, ou com a própria performance em relação a períodos passados, visto que a tomada de decisão acerca de qual o melhor investimento, em qual empresa aplicar recursos ou a qual entidade conceder crédito, por exemplo, requer comparabilidade por parte do tomador de decisão.

Observe, no entanto, que em alguns momentos pode ser difícil manter a consistência nas práticas adotadas para cumprimento do atributo comparabilidade, pois pode haver a necessidade de mudar alguma política ou critério contábil adotado para fins prospectivos, em relação ao período anterior, a fim de representar mais fielmente o atual estado patrimonial, e isso afeta o efeito comparativo. Note que, nesse caso, teríamos prejudicada a característica qualitativa da comparabilidade, mas ainda assim prevalece a representação fidedigna, tendo em vista que ela é hierarquicamente superior por se tratar de uma característica fundamental. Lembramos que a organização deve envidar esforços para que ambos os atributos possam ser contemplados. Vejamos um exemplo a seguir.

> **NA PRÁTICA DE MERCADO**
>
> Imagine uma empresa que atua no ramo de varejo de hortifrutigranjeiro. Por se tratar de produtos altamente perecíveis, como frutas e verduras, a empresa adota como critério, para apuração do custo de todos os seus produtos, o Peps (primeiro a entrar primeiro a sair). Faz todo sentido, tendo em vista que os primeiros que chegaram às lojas devem sair primeiro, de modo que se otimizem os recursos e se minimizem as perdas. No entanto, no ano seguinte, além desses produtos perecíveis, a empresa passou a vender outros itens que possuem um prazo de vencimento razoável, tais como feijão, arroz, chocolates, temperos etc. Para esses últimos itens, pode ser mais apropriado aplicar o CMP (custo médio ponderado), de modo que não afetará a apuração do valor, por exemplo, de dois chocolates que possuem três dias de diferença no seu vencimento, o qual ocorrerá dentro de quatro meses vindouros.
>
> Assim, nesse caso, verifica-se que o uso de um critério adicional irá afetar a comparabilidade com relação ao ano anterior, mas por ter mudado a realidade nos negócios da empresa, a informação será mais útil e representará mais fidedignamente as operações, se a empresa utilizar os dois critérios, Peps e CMP.

Vale ressaltar, que a mudança de prática contábil é tratada pelo CPC 23 – Políticas Contábeis, Mudança de Estimativa e Retificação de Erro, e exige apresentação retroativa das demonstrações contábeis dos últimos dois exercícios fiscais precedentes ao de reporte, justamente para que seja possível identificar o impacto das novas práticas, seus efeitos para fins ilustrativos e para possibilitar a comparabilidade utilizando-se as mesmas premissas de elaboração para as informações reportadas em períodos anteriores.

## 2. Verificabilidade

Uma informação é verificável quando pode ser analisada pelos usuários e, mesmo por diferentes perspectivas, há uma concordância na percepção acerca do fenômeno em questão, ou seja, tais usuários são independentes, conscientes e possuem visões convergentes sobre a informação apresentada. Isso não quer dizer que sempre haverá um consenso pleno, pois apesar de a informação ter utilidade, cada usuário vai interpretá-la e, consequentemente, aplicá-la conforme seu entendimento. De fato, observa-se que a verificabilidade melhora a representação fidedigna, tendo em vista que o retrato da realidade econômica pode ser apreendido por diversos usuários, apesar de possuírem diferentes percepções.

Os usuários podem verificar determinada informação de forma direta ou indireta. No primeiro caso, trata-se de um levantamento de informações feito pela observação direta e não precisa de outras evidências para representar fielmente a realidade. Já na verificabilidade indireta, o usuário objetiva recolher dados preliminares que irão ser utilizados em técnicas que auxiliarão na construção da informação para tomada de decisão. Nesse caso, há necessidade de se embasarem em premissas que legitimem e assegurem que a informação encontrada de forma indireta esteja refletindo o cenário econômico atual da organização. Vejamos algumas situações práticas nesse sentido.

### NA PRÁTICA DE MERCADO

Imagine uma empresa que presta serviços de soluções logísticas. Para realizar os transportes rodoviários, a empresa conta com uma frota de mais de 600 veículos, distribuídos no nordeste do Brasil. O controle físico do imobilizado, nesse caso dos veículos, é de extrema importância, pois impacta a estrutura da empresa e determina alguns elementos que serão considerados no resultado do exercício. Assim, ao final de cada exercício social é realizado um inventário físico dos caminhões e das peças. Como esse procedimento é realizado *in loco*, o número de caminhões é obtido por contagem física, sendo esse um bom exemplo de uma informação verificável obtida de forma direta.

De outro modo, os gestores da empresa, em parceria com a contabilidade, vão definir o método de depreciação, entre os vários existentes, que melhor reflita como tais caminhões consomem recursos ao longo de sua vida útil. Como existem várias possibilidades para depreciar um ativo, a depender do método escolhido, pode haver diferenças entre os valores a serem colocados no resultado. Observe que existem premissas a serem adotadas para o cálculo da depreciação, e por isso pode-se apreender que a informação é obtida de forma indireta. Portanto, nesse último caso, há a verificabilidade indireta.

## 3. Tempestividade

O usuário necessita da informação contábil-financeira dentro de determinado prazo em que ele consiga escolher a melhor alternativa no seu processo de tomada de decisão, ou seja, o período de divulgação deve ser adequado para que a informação tenha utilidade e, assim, seja capaz de influenciar a decisão do usuário. Aquelas alternativas que foram produzidas há mais tempo normalmente são menos úteis, a não ser que o usuário necessite dessas informações mais antigas para fazer análise do comportamento histórico e para projetar tendências.

É importante destacar que a informação deve ser apresentada a partir do momento em que se tem conhecimento de uma transação, ainda que não se tenha total certeza sobre as estimativas e valores. Assim, em termos de representação da realidade, mais vale uma informação *ex ante* relevante, porém subjetiva e imprecisa, do que uma informação *ex post* exata, porém sem utilidade. De uma forma geral, deve haver um equilíbrio no processo de priorização entre relevância e representação fidedigna; no entanto, considere que podem existir incertezas no período interino em que o usuário tenha necessidade de usar a informação para tomar a decisão, sendo esse o momento em que o produtor da informação contábil deve fazer uso de julgamento profissional para atender ao atributo da tempestividade. Vamos refletir sobre como isso funciona na prática.

---

**NA PRÁTICA DE MERCADO**

Podemos pensar em duas situações práticas para exemplificar a tempestividade. Primeiramente, do ponto de vista contábil, qualquer empresa, independentemente do enquadramento jurídico ou regime de tributação, deve cumprir com as obrigações principais e acessórias, as quais são regulamentadas pelas legislações comercial, fiscal e previdenciária. Nesse sentido, quando um órgão regulador impõe prazos para entrega de uma obrigação, por exemplo, o Sped Contábil, o atributo da tempestividade é requerido porque o usuário, nesse caso o fisco, necessita das informações em tempo hábil para que possa fazer o cruzamento de informações.

> Imagine agora uma indústria que fabrica produtos de limpeza e que, devido ao seu processo produtivo, acaba causando danos ambientais. Em determinado ano, a companhia foi negligente no tratamento dos resíduos, cuja destinação foi feita de modo irresponsável, contaminando criminalmente os lençóis freáticos. Naquele momento, a equipe de contabilidade não conseguiu mensurar, precisamente, os prejuízos causados à população, tampouco as possíveis indenizações a serem desembolsadas. Note que, mesmo sem exatidão na estimativa dos danos, a empresa deveria divulgar a ocorrência dos fatos nas demonstrações contábeis daquele ano, pois seria relevante para a tomada de decisão dos usuários. Caso não apresentasse tal informação naquele momento, quando a empresa viesse a ter uma mensuração precisa e exata, a informação a ser divulgada seria irrelevante e, portanto, inútil para se tomar decisão, pois seria intempestiva.

## 4. Compreensibilidade

O usuário só conseguirá perceber a utilidade da informação se ele compreender, com clareza, o conteúdo apresentado. Para tanto, o produtor da informação contábil deve preparar os relatórios de forma transparente, classificando e caracterizando os elementos com o intuito de facilitar o entendimento para que o tomador de decisão possa impetrar aplicação prática na seleção da melhor alternativa.

No entanto, a contabilidade, ao produzir a informação, parte do pressuposto de que o usuário tem um mínimo de conhecimento sobre a linguagem contábil, de modo que ele consiga interpretar, com diligência, o fenômeno que se deseja retratar. Ainda que tal realidade reflita operações sofisticadas, a informação contábil deve ser divulgada, para que seja considerada completa e assim atenda ao atributo da representação fidedigna.

Nesse sentido, na perspectiva desta característica qualitativa da informação, o tomador de decisão, mesmo sem ser um especialista no assunto, deve compreender, satisfatoriamente, a realidade econômica da organização. Vamos ilustrar com um exemplo.

> **NA PRÁTICA DE MERCADO**
>
> Uma empresa, que atua no ramo de combustíveis, teve uma redução brusca no seu faturamento devido a uma obra do governo do estado para revitalização do aeroporto. O posto localizava-se numa esquina, em formato de "L", onde recebia clientes que chegavam pelas duas ruas. Houve a implantação de um canteiro em um dos lados, de modo que os clientes que vinham dessa direção ficaram impedidos de entrar no posto. Com isso, a empresa passou a receber clientes que vinham de uma única rua, reduzindo seu faturamento em mais de 70%. Então, os advogados da empresa entraram com um processo contra o estado, impetrando verbas indenizatórias pelos prejuízos causados com a diminuição das receitas devido às obras, conhecidos como lucro cessante. O juiz, na análise dos fatos, e para definição das perdas, designou um perito contador para fazer um laudo especializado. O laudo estará lotado de termos técnicos, mas precisará estar num padrão compreensível, a fim de que o juiz, usuário da informação nesse caso, consiga interpretar e, com zelo e ceticismo, proferir a sentença. Além disso, o juiz precisa ter um conhecimento razoável de contabilidade para entender a opinião e as evidências contidas no laudo pericial.

Novamente, ratificamos que após a revisão realizada no Pronunciamento Conceitual Básico, a norma deixou de tratar especificamente do regime de competência, como na versão anterior, tendo em vista que para representar fidedignamente a essência da transação há que se divulgar o evento no momento em que tais efeitos são produzidos, independentemente dos pagamentos e recebimentos.

Além disso, o CPC 00 (R1), § 4.1, afirma que o produtor da informação contábil-financeira parte da premissa subjacente de continuidade para sua elaboração, considerando o pressuposto que a informação deve ser produzida na perspectiva de que a organização não tenha a intenção de encerrar suas operações num futuro previsível, ou seja, a empresa está em processo contínuo de atividades. Caso a empresa verifique que, por discricionariedade ou necessidade, virá reduzir materialmente a escala de suas operações, ela deve mudar a base de mensuração e evidenciação de suas transações. Por exemplo, numa situação normal, os estoques estariam avaliados por um valor de entrada, conhecido como custo histórico. No entanto, em caso de liquidação da empresa, os estoques passariam a ser avaliados por valores de saída, como valor realizável líquido.

Note, leitor, que o Comitê de Pronunciamentos Contábeis e, consequentemente, as normas endossadas pelo Iasb, não tratam especificamente de princípios contábeis. No Brasil, os princípios eram tratados pela Resolução nº 750/1993 do Conselho Federal de Contabilidade, atualizada pela Resolução nº 1.282/2010 do mesmo órgão, na qual deixaram de ser denominados princípios fundamentais de contabilidade e passaram a ser chamados de princípios de contabilidade. A referida Resolução foi revogada em outubro de 2016, passando a vigorar apenas a Estrutura Conceitual, a partir de janeiro de 2017.

Os órgãos, ao tratarem das características qualitativas, sejam fundamentais ou de melhoria, acabam por adotar uma abordagem mais pragmática e aplicada. Vamos agora refletir com mais detalhes sobre o porquê deve haver primazia da essência econômica da transação sobre a forma jurídica, bem como acerca dos novos delineamentos sobre mensuração a valor justo.

## Valor justo e essência sobre a forma

Além dos atributos vistos na seção anterior, precisamos entender outros dois itens primordiais na análise e julgamento da administração para retratar o fenômeno patrimonial, quais sejam: essência sobre a forma e valor justo. Vamos tratar primeiramente da essência sobre a forma.

A norma deixou de colocar a característica "essência sobre a forma" separada de outros componentes, haja vista que está implícita na característica da representação fidedigna. Ora, não há que se falar em informação fidedigna se ela não apresentar a essência econômica da transação, tendo em vista que a forma jurídica pode estar camuflada de burocracias e aplicação da legislação.

Algumas transações podem ter elementos subjetivos, seja no momento de seu reconhecimento ou nos critérios de mensuração, e devido a isso o contador, em parceria com os gestores, deverá ter um elevado nível de conhecimento técnico e do *modus operandi* das negociações. Então, deve-se fazer um julgamento acerca da transação em questão, olhando-se a substância econômica, na qual o resultado pode ser completamente diferente caso o olhar esteja sob o prisma da forma legal.

Com isso, o patrimônio reconhecido pela contabilidade pode ter mais ou menos elementos do que aquele patrimônio jurídico, pois contabilmente só será levada em consideração a transação cuja representação fidedigna tenha utilidade para o tomador de decisão. O usuário da informação se preocupa com os possíveis impactos causados por determinada transação nos fluxos de caixa futuros da entidade e não com sua respectiva titularidade jurídica. Assim, ainda que se tenha certo grau de incerteza acerca da ocorrência, mas se tamanha for sua magnitude, dever-se-á observar a relevância e impacto de determinada informação sobre os demonstrativos contábeis.

### NA PRÁTICA DE MERCADO

Vamos imaginar a seguinte situação. Uma loja, que revende material escolar, no período de baixa das vendas, faz uma oferta para atrair clientes. Então, na compra de uma mochila escolar, o comprador leva uma lancheira. Num primeiro momento, olhando puramente a forma da transação, poder-se-ia ter a falsa impressão que a venda comercial foi apenas da mochila, já que a lancheira poderia parecer ser um brinde, inclusive com um Cfop diferenciado.

No entanto, observando a essência econômica dessa operação, pode-se perceber que o preço da lancheira estava embutido no valor total da venda, ainda que a loja esteja diminuindo sua margem de lucro. Assim, a receita deve ser reconhecida proporcionalmente para cada produto e não apenas para a mochila, pois a baixa dos estoques se dará respectivamente para os dois produtos.

Obs.: Cfop significa código fiscal de operações e prestações e diz respeito ao código das entradas e saídas de mercadorias intermunicipais e interestaduais.

Ao observar a essência de cada transação, e também no que diz respeito à mensuração, podemos nos deparar com o binômio subjetividade *versus* objetividade, no qual muitas vezes o critério mais objetivo e prático pode não ser o mais relevante para a tomada de decisão. Diante dessa necessidade de apurar um valor que retrate a realidade da substância econômica, vamos analisar o conceito de valor justo.

A ideia de mensurar determinadas transações pelo valor justo, o *fair value*, surgiu nos Estados Unidos, em contraponto à valoração pelo custo histórico, tendo em vista que este tem uma visão unicamente pretérita, ao passo que o valor justo evidencia o valor atualizado de mercado. Isso ocorreu para que o investidor minoritário pudesse ter garantido um retorno justo do seu capital.

Cada vez mais, a tendência das normas emitidas pelo Iasb tem sido a de mensurar determinadas transações pelo valor justo, por considerar esse método mais transparente e fidedigno. Buscando respaldar tal entendimento, o Iasb emitiu a IFRS 13, que trata exclusivamente da mensuração a valor justo. Aqui no Brasil, tal conceito foi introduzido a partir da Lei nº 11.638/2007, mas apenas em 2012 a mensuração a valor justo foi endossada pelo CPC 46, que trata detalhadamente de todos os critérios.

O valor justo é definido pelo CPC 46, § 9, como "o preço que seria recebido pela venda de um ativo ou que seria pago pela transferência de um passivo em uma transação não forçada entre participantes do mercado na data de mensuração". Vamos detalhar a seguir, em três partes, o conteúdo intrínseco dessa definição:

- transação não forçada – quando nenhuma das partes está em condição desprivilegiada para realizar a transação entre os itens patrimoniais. As partes devem estar em situação equiparada de negociação e não devem existir imposições que forcem uma das partes a transacionar, por exemplo, quando uma das partes se encontra em processo de recuperação

judicial ou na iminência de romper uma cláusula contratual restritiva, estando, portanto, em desvantagem, pela existência de fatores que a obrigam a negociar;
- participantes do mercado – as partes que estão negociando não são relacionadas entre si; assim, o valor justo não incorpora nenhum valor específico de determinado participante do mercado, ou seja, ele revela um valor que os participantes de mercado estão dispostos a pagar na transação. Imagine, por exemplo, uma transação entre a entidade e seu respectivo empregado, o qual receberá pagamento baseado em ações. Tendo em vista que se trata de uma extensão de sua remuneração, nesse caso, não há independência entre os participantes;
- data da mensuração – significa que uma transação deve ser mensurada a valor justo no momento da ocorrência do fato gerador, e será evidenciada no momento do fechamento das demonstrações contábeis, sendo estas as informações intermediárias, nomeadas informações trimestrais (ITR) ou anuais, levantadas ao final de cada exercício fiscal, nomeadas demonstrações financeiras padronizadas (DFP).

O CPC 46, que versa sobre valor justo, em seu § 2, afirma que este não é um valor específico para a entidade nem um valor de contrato; na verdade, trata-se de uma mensuração baseada no mercado, em que a melhor evidência de valor é o preço negociado no mercado ativo.

No entanto, na impossibilidade de observar esse preço no mercado ativo, a organização deve se utilizar de técnicas de avaliação, conhecidas como *mark-to-model*, que maximizem o uso de dados observáveis, também chamados de *inputs*. Para a mensuração baseada nas referidas técnicas, deve-se levar em consideração o risco do negócio e até que ponto determinado dado pode ser incluído no cálculo, a exemplo dos custos de empréstimos, os chamados *borrowing costs*, que, em regra geral, devem ser considerados como despesas, mas quando se tratar de um ativo qualificável, por exemplo, podem ser capitalizados como custo do ativo.

Os dados observáveis são premissas que poderiam ser utilizadas por qualquer outro participante do mercado, ou seja, são *inputs* disponíveis para observação. De outro modo, os dados são considerados "não observáveis" quando desenvolvidos e construídos pela própria empresa, e devem ser evitados devido ao seu alto teor de subjetividade.

A depender do nível de dados que se consegue observar no momento da mensuração a valor justo, de ativos ou passivos, a norma elenca três níveis hierárquicos de valor justo. Veja a figura 3.

**Figura 3**
Níveis hierárquicos de valor justo

Com isso, dependendo da maximização de *inputs* observáveis, ou seja, dados observáveis, utilizados para mensuração do valor justo de determinado item, dever-se-ão divulgar mais ou menos informações em notas explicativas. Então, por exemplo, para um preço pouco observável no mercado, em que se tem maior critério de subjetividade para definição do valor ideal, exige-se um maior nível de transparência, de modo que o usuário fique assegurado de que, apesar dos critérios travestidos de julgamento e interpretação, naquele momento, aquele valor é o que melhor representa a substância econômica do fenômeno.

De uma forma bem simplificada, adota-se o conceito de valor justo como o valor que o mercado precifica, sendo essa premissa verdadeira apenas se todos os participantes do mercado, no momento da transação, possuírem o mesmo nível de informação sobre o ativo ou passivo em questão, ou seja, não houver assimetria informacional. Vejamos um exemplo a este respeito.

> **NA PRÁTICA DE MERCADO**
>
> Imagine que a empresa X possui um veículo, o qual não gera mais benefícios em suas operações, e por isso está tentando vendê-lo para a empresa Y. A empresa X tem conhecimento de que o motor do veículo está com sérios problemas que comprometem sua vida útil e, em curto prazo, há que se trocar o referido motor por outro, de nova vida útil. Imagine que a empresa Y, compradora, não tem conhecimento desse fato. O valor que o mercado precifica para este veículo é baseado em um critério objetivo, que seria a tabela Fipe, desenvolvida pela Fundação Instituto de Pesquisas Econômicas e que expressa o preço médio de mercado que deve ser levado em consideração no momento da negociação. Ora, nesse caso, observe que o valor de mercado deve ser aquele estabelecido pela tabela objetiva, mas que é completamente diferente do valor justo, pois este leva em consideração todos os *inputs* observáveis, e apenas a empresa X possui o domínio completo de tais informações.

Após analisarmos os predicados que qualificam a informação contábil-financeira, bem como os novos conceitos de mensuração a valor justo, vamos agora identificar os elementos patrimoniais e de resultado que compõem as demonstrações contábil-financeiras.

## Principais elementos

Entendido o objetivo das informações contábil-financeiras, quem são os usuários que possuem interesse nesses relatórios, suas características fundamentais e de melhoria, partimos para o estudo sobre os principais elementos das demonstrações contábeis, visando revisar os conceitos e definições de ativo, passivo, patrimônio líquido, receitas e despesas. Nesses elementos estão agrupados e organizados os direitos e obrigações, assim como está apresentada a performance econômica da entidade.

As atividades desempenhadas por uma entidade, a alocação dos recursos disponíveis, os compromissos assumidos, as relações estabelecidas com terceiros e com seus empregados, assim como seus investimentos operacionais e não operacionais são legitimados por meio das demonstrações contábeis, a fim de informar e direcionar as decisões de usuários internos e externos.

Considerando a contabilidade como uma linguagem universal, explicamos os elementos de uma demonstração contábil como sendo as ferramentas utilizadas para consolidar e demonstrar todos os fatos relevantes da entidade em determinada data ou período. Imagine, caro leitor, que uma empresa fosse uma pessoa física e tivesse de enviar, a um terceiro interessado, uma foto atual, um filme do seu último ano e seu currículo profissional contendo sua trajetória até aquele momento, desde sua inicialização no mercado de trabalho. Pois bem: nesse caso, analogamente, diríamos que o ativo e o passivo seriam a foto da empresa; a demonstração do resultado, composta pelas receitas e despesas do último ano, seria o filme; e o patrimônio líquido seria seu *curriculum vitae*.

Para obter maior entendimento de cada elemento, vamos a seguir defini-los sumariamente, já considerando a premissa subjacente da continuidade, ou seja, de que a entidade possui o pressuposto primário de manter-se em operação por um prazo indeterminado.

## O balanço patrimonial

O balanço patrimonial reúne os ativos e passivos da empresa, separadamente, apresentados por subgrupos, conforme sua natureza, e representa econômica e financeiramente os bens, direitos e obrigações de determinada entidade em uma data específica.

*Os ativos*

Os ativos representam recursos da entidade, dos quais se espera que benefícios econômicos futuros sejam gerados com sua utilização ou realização. Representam o resultado de eventos passados e devem estar reconhecidos pelos respectivos valores recuperáveis a cada data de mensuração subsequente. Sendo assim, se determinado ativo não pode ser recuperado, deve ser ajustado e reduzido para que reflita o valor exato de sua realização. Os ativos podem ser tangíveis, exemplificados por itens do imobilizado, ou intangíveis, tais como marcas e patentes. Além disso, são apresentados nas demonstrações contábeis conforme grau de liquidez e podem ser considerados o lastro para as obrigações e garantias oferecidas pela entidade a terceiros.

*Os passivos*

Os passivos representam obrigações presentes da entidade, resultantes de eventos passados, monetizados em determinada data para refletir a posição atualizada dos recursos que fluirão da entidade quando da respectiva liquidação. Evidenciam o grau de financiamento utilizando capital de terceiros e são apresentados nas demonstrações contábeis conforme grau de exigibilidade.

Na estrutura do balanço patrimonial, além do grau de liquidez e exigibilidade para ordenação das contas dos ativos e passivos, tais recursos devem ser separados em circulantes e não circulantes objetivando informar aos usuários das demonstrações contábeis o prazo futuro esperado para realizar determinado ativo ou liquidar determinado passivo. Destacamos que os circulantes são os direitos realizáveis ou obrigações exigíveis em até 12 meses após a data base das demonstrações contábeis.

*O patrimônio líquido*

Representa a posição acumulada dos investimentos realizados pelos sócios da entidade, ou seja, os aportes de capital próprio, assim como os resultados econômicos líquidos auferidos pela empresa desde sua criação. O saldo do patrimônio líquido em determinada data, doravante acervo líquido, representa a diferença entre ativos e passivos, e é classificado em subgrupos, a saber: capital social, reservas de capital, reservas de lucros, ações em tesouraria, ajustes de avaliação patrimonial (AAP) e prejuízo acumulado.

As reservas supracitadas, por vezes criadas por exigências legais, são formadas visando à proteção aos credores com relação a eventuais prejuízos e representam uma fonte de informação para usuários quanto à forma como a entidade aloca seus recursos patrimoniais residuais, no que tange à capacidade e intenção de distribuí-los ou aplicá-los nas próprias operações, além de fornecer informações quanto a restrições na utilização desses recursos.

De forma objetiva, podemos compreender o balanço patrimonial por meio dos conceitos de origens e aplicações de recursos, sendo as origens consideradas como todos os recursos captados pela entidade para financiamento de suas operações, como empréstimos, capital de terceiros e até mesmo contas a pagar a fornecedores, pois estes, ao concederem prazo para liquidação de obrigações, estão temporariamente financiando as operações da entidade. Esses recursos captados são aplicados pela entidade, para obtenção de benefício econômico futuro, na aquisição de insumos, bens e equipamentos, ou também investidos em ativos que propiciem a geração de valor para a entidade, como investimentos em pesquisa e desenvolvimento de novas tecnologias. Em suas operações, a entidade gera recursos que passam a representar direitos, por exemplo, o recebível de clientes resultantes de vendas a prazo, assim como aplica os recursos financeiros gerados por suas operações para obtenção de receitas não operacionais, como rendimentos de aplicações financeiras. Ilustramos, no quadro 1, a estrutura patrimonial de uma entidade considerando os pressupostos abordados até esta seção do livro, objetivando sua maior compreensão quanto à apresentação dos elementos patrimoniais das demonstrações contábeis.

## Quadro 1
### Estrutura patrimonial sintética considerando as origens e aplicações de recursos

| | | Balanço Patrimonial Sintético – Ilustrativo | | |
|---|---|---|---|---|
| | | Bens e direitos | Obrigações | |
| Aplicações de recursos | Investimentos realizados pela entidade | *Ativo*<br>**Circulante**<br>Caixa e equivalente de caixa<br>Títulos e valores mobiliários<br>Contas a receber, líquidas<br>Impostos e contribuições a recuperar<br>Estoques<br>Despesas antecipadas<br>Adiantamento a fornecedores<br>Outros ativos circulantes<br>**Não circulante**<br>Realizável a longo prazo<br>Contas a receber, líquidas<br>Títulos e valores mobiliários<br>Depósitos judiciais<br>Impostos e contribuições a recuperar<br>Outros ativos realizáveis a longo prazo<br>Investimentos<br>Imobilizado<br>Intangível | *Passivo*<br>**Circulante**<br>Fornecedores<br>Obrigações trabalhistas<br>Empréstimos e financiamentos<br>Impostos e contribuições a recolher<br>Debêntures<br>Outras obrigações<br>**Não circulante**<br>Fornecedores<br>Empréstimos e financiamentos<br>Provisão para contingências<br>Impostos e contribuições diferidas<br>Debêntures<br>Outras obrigações | Fontes de financiamentos através do capital de terceiros | Origens de recursos |
| | | | **Patrimônio líquido**<br>Capital social<br>Reservas de lucro<br>Reservas de capital<br>Prejuízos acumulados<br>Outros resultados abrangentes | Fontes de financiamentos através do capital próprio | |

Após a apresentação do balanço patrimonial, vamos evidenciar, a seguir, as definições e os elementos que compõem a demonstração de resultado.

## A demonstração de resultado

A demonstração do resultado apresenta as informações contábeis relacionadas a um determinado período, geralmente referente a um período fiscal compreendido entre o primeiro dia do primeiro mês de determinado ano até o último dia do décimo segundo mês do mesmo ano, com exceção das entidades que apresentam relatórios utilizando períodos distintos devido, por exemplo, à sazonalidade de suas operações. Nessa demonstração são reconhecidas as receitas e despesas auferidas entre os dois balanços, diferentemente do balanço, que apresenta a posição patrimonial da entidade na data da apresentação.

O resultado econômico auferido pela entidade é determinado pela diferença entre as receitas geradas e despesas incorridas em determinado período, sendo este positivo ou negativo, ou seja, lucro ou prejuízo É obrigatória a divulgação do lucro ou prejuízo por ação, conforme previsto no art. 187, inciso VII, da Lei nº 6.404/1976. Para melhor entendimento, abordaremos a seguir aspectos detalhados das receitas e despesas:

- *receitas* – são aumentos nos benefícios econômicos durante determinado período, monetizados e gerados pelas atividades usuais da entidade, resultantes da venda de itens tangíveis e intangíveis ou da prestação de serviços, incrementos nos ativos ou redução de passivos que, por meio da entrada de recursos financeiros, reconhecimento de ganhos ou de direitos, resulta no aumento do patrimônio líquido da entidade, excluindo-se dessa definição os aportes de capital dos acionistas. Abordaremos com maiores detalhes os aspectos relacionados à mensuração, reconhecimento e divulgação das receitas no terceiro capítulo deste livro.

- *despesas* – os elementos de despesa representam, em contrapartida aos elementos de receita, os decréscimos nos benefícios econômicos durante determinado período, monetizados e gerados pelas atividades usuais da entidade, resultantes da aquisição de itens tangíveis e intangíveis ou da contratação de serviços, decréscimo monetário no valor dos ativos ou aumento de passivos que, por meio da saída de recursos financeiros, reconhecimento de perdas ou de obrigações, resultam na redução do patrimônio líquido da entidade, excluindo-se dessa definição os aportes de capital dos acionistas.

Vale ressaltar, leitor, que o reconhecimento das receitas e despesas deve ser baseado no fato gerador da transação, ou seja, as receitas são reconhecidas quando da prestação do serviço ou vendas no curso das operações, e as despesas quando do recebimento do serviço contratado ou da compra de insumos no curso das operações, não necessariamente representados pela transferência da posse e sim pela transferência do risco da transação, respeitando, portanto, a competência do fato gerador.

Da mesma forma, é importante destacar que a entrada ou saída de recursos financeiros (fluxo de caixa) não necessariamente ocorre no mesmo momento em que as receitas foram geradas e as despesas incorridas, visto que, por exemplo, vendas ou compras a prazo indicam respectivamente recebimento e pagamento de caixa futuros, em contrapartida às receitas e despesas que devem ser reconhecidas quando de sua ocorrência.

O quadro 2 permite a visualização da estrutura da demonstração do resultado de forma ilustrativa.

## Quadro 2
### Estrutura conceitual sintética ilustrativa da demonstração do resultado do exercício

| | |
|---|---|
| + | Receita operacional bruta |
| (-) | (Deduções) |
| = | **Receita operacional líquida** |
| (-) | (Custo de mercadorias e/ou produtos vendidos) |
| (-) | (Custo de serviços prestados) |
| = | **Lucro bruto** |
| (+/-) | Receitas (despesas) operacionais |
| (-) | (Despesas com pessoal) |
| (-) | (Despesas gerais e administrativas) |
| (-) | (Despesas com serviços de terceiros) |
| (-) | (Despesa de depreciação e amortização) |
| (+/-) | Resultado de equivalência patrimonial (REP) |
| (+/-) | Resultado na venda de participação acionária |
| (+/-) | Outras receitas (despesas) operacionais, líquidas |
| (+/-) | Resultado financeiro |
| + | Receitas financeiras |
| (-) | (Despesas financeiras) |
| = | **Resultado operacional líquido** |
| + | Outras receitas |
| (-) | Outras despesas |
| = | **Resultado antes do imposto de renda e da contribuição social** |
| (-) | **Imposto de renda e contribuição social** |
| = | **Resultado (lucro/(prejuízo)) líquido do período** |
| | *Lucro (prejuízo) por ação básico e diluído*<br>*Básico*<br>*Diluído* |

Vale ressaltar que o enquadramento de itens como ativos, passivos ou patrimônio líquido deve considerar, além da forma legal de apresentação, a essência da transação que o originou, o momento da transferência de riscos como pressuposto para seu reconhecimento e a realidade econômica relacionada aos benefícios ou perdas intrínsecas quanto à recuperação/realização e liquidação dos ativos e passivos respectivamente.

Concluindo, pudemos observar, ao longo deste capítulo, conceitos relacionados às características qualitativas para reconhecimento e mensuração das transações, os elementos dos relatórios contábil-financeiros, assim como o objetivo e os usuários de tais demonstrativos.

No capítulo seguinte, abordaremos o tratamento contábil para as obrigações e os direitos que ocorrerão numa data futura, mas que podem influenciar na tomada de decisão atual por parte dos usuários da informação contábil. Apresentaremos, também, como as transações que estão na contingência de se concretizar impactam a contabilização das provisões.

# 2
# Provisões, ativo e passivo contingente

Neste capítulo, abordaremos as provisões, passivos e ativos contingentes, considerados componentes relevantes dos relatórios contábil-financeiros e que possuem características e pressupostos específicos para serem reconhecidos, mensurados e divulgados. Apresentaremos, ainda, as diferenças conceituais acerca dos elementos supracitados, bem como as premissas adotadas na elaboração de estimativas contábeis pelos gestores, e o julgamento profissional necessário para aplicabilidade dos normativos contábeis.

## Contextualização conceitual

Os direitos e obrigações estão geralmente sustentados por documentos comprobatórios e possuem sólidas bases de mensuração quando não apresentarem dúvidas ou incertezas acerca dos seus correspondentes valores e respectivos prazos de realização ou liquidação. No entanto, buscando atingir o objetivo primordial dos relatórios contábil-financeiros de representar fidedignamente a realidade econômica e financeira das empresas a que se reportam, deve-se considerar a existência de ativos e passivos que, apesar de não possuírem precisas informações quanto a seus valores e prazos, deveriam ser reconhecidos ou, ao menos, apresentados nas demonstrações contábeis com finalidade informativa a quem interessar.

Baseado nesse pressuposto, em 2009 o Pronunciamento Técnico CPC 25 – Provisão e Passivo e Ativo Contingentes, o qual possui correlação com a IAS 37, foi introduzido pelo Comitê de Pronunciamentos Contábeis e endossado pelos órgãos reguladores prospectivamente.

A compreensão da contabilização das provisões, ativos e passivos contingentes requer que alguns conceitos e termos relevantes sejam dominados pelo leitor. Vejamos algumas definições primordiais previstas pelo Pronunciamento Técnico CPC 25, § 10, iniciando pelo conceito de *passivo*:

> É uma obrigação presente da entidade, derivada de eventos já ocorridos, cuja liquidação se espera que resulte em saída de recursos da entidade capazes de gerar benefícios econômicos.

Considerando a incerteza intrínseca e inerente a qualquer transação cuja saída do recurso financeiro ainda não ocorreu, exemplificada por qualquer compra a prazo, faz-se necessária a utilização de estimativas e do julgamento do gestor para reconhecimento desses passivos.

Destaca-se que o fato gerador já ocorrido, exemplificado pela entrega física de um insumo por um fornecedor na compra a prazo, traduz a necessidade de reconhecimento da obrigação por parte da entidade adquirente do bem ou serviço. No entanto, dependendo das circunstâncias relacionadas à capacidade do gestor em mensurar com confiabilidade o prazo e valor da operação, tal passivo pode ser considerado um passivo genuíno, caracterizado por obrigações devidamente fundamentadas por documentação comprobatória ou derivadas de apropriações por competência, o qual é tratado neste livro como *outros passivos*, ou uma *provisão*. Conforme o Pronunciamento Técnico CPC 25, § 10, provisão é um passivo de prazo ou de valor incerto.

Dessa forma, podemos didaticamente resumir que um passivo é uma obrigação presente, resultante de um evento que ocorreu no passado, sendo denominado provisão apenas quando apresenta incertezas quanto ao prazo de vencimento ou valor.

Note que abordamos o surgimento de passivos decorrentes de apropriação por competência. Mas, leitor, o que isso significa? Na verdade, a obrigação surge porque as despesas devem ser reconhecidas no resultado no momento em que o fator gerador ocorre, ou seja, quando os benefícios forem consumidos. Assim, quando o pagamento não é feito à vista, a entidade assume uma obrigação decorrente da postergação do pagamento concedido pelo credor. Daí é que surgem as obrigações derivadas de apropriação por competência.

Agora, caro leitor, imagine que apesar de resultante de um evento passado conhecido, haja dúvidas quanto à saída de recursos para liquidação de determinado passivo ou não seja possível estimar o prazo ou o valor da obrigação. Nesse caso, o passivo se caracteriza como um *passivo contingente*, conforme definido no pronunciamento contábil CPC 25, § 10:

> *Passivo contingente* é:
> (a) uma obrigação possível que resulta de eventos passados e cuja existência será confirmada apenas pela ocorrência ou não de um ou mais eventos futuros incertos não totalmente sob controle da entidade; ou
> (b) uma obrigação presente que resulta de eventos passados, mas que não é reconhecida porque:
> (i) não é provável que uma saída de recursos que incorporam benefícios econômicos seja exigida para liquidar a obrigação; ou
> (ii) o valor da obrigação não pode ser mensurado com suficiente confiabilidade.

Observe que, analogamente ao passivo, um ativo cuja entrada de recursos não seja considerada líquida e certa, ou cujos montantes relacionados não possam ser estimados com segurança, representa *ativo contingente*, isto é,

> um ativo possível que resulta de eventos passados e cuja existência será confirmada apenas pela ocorrência ou não de um ou mais eventos futuros incertos não totalmente sob controle da entidade [CPC 25, §10].

Abordamos os conceitos de passivo, provisão, passivo contingente, oriundos de um evento passado que resultou em uma obrigação presente. Pois bem, tal evento pode ter sido originado e formalizado por meio de cláusulas contratuais, legislação ou qualquer outra ação de lei em vigor que crie determinada obrigação, denominada obrigação legal. Ou pode ser uma obrigação não formalizada a qual igualmente requer que a entidade a reconheça e a liquide, sendo esta taxonomia assim definida pelo CPC 25. Vejamos:

> *Obrigação não formalizada* é uma obrigação que decorre das ações da entidade em que:
> (a) por via de padrão estabelecido de práticas passadas, de políticas publicadas ou de declaração atual suficientemente específica, a entidade tenha indicado a outras partes que aceitará certas responsabilidades; e
> (b) em consequência, a entidade cria uma expectativa válida nessas outras partes de que cumprirá com essas responsabilidades [CPC 25, § 10, grifo no original].

Para facilitar o entendimento do que trata o normativo sobre a origem das obrigações, observe, leitor, a figura 4.

PROVISÕES, ATIVO E PASSIVO CONTINGENTE

**Figura 4**
Origem das obrigações

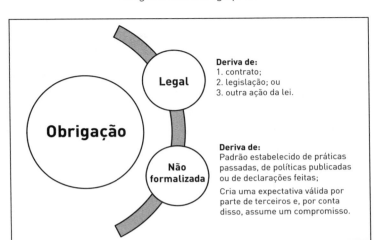

Observe que obrigações criadas com base em políticas e declarações públicas criam o senso comum de direito por parte de usuários que legalmente passam a requerer o cumprimento de compromissos relacionados ao produto ou serviço adquirido, independentemente da existência de formalização e anuência entre as partes. Vejamos um exemplo a este respeito.

> **NA PRÁTICA DE MERCADO**
>
> O gerente de marketing de uma loja especializada na venda de binóculos, com o intuito de aumentar as vendas, optou por realizar uma propaganda no principal canal televisivo do país oferecendo dois anos de garantia apenas para compras realizadas naquele mês específico.
> Observamos, nesse caso, uma obrigação presente oriunda de um evento passado, a qual não foi formalizada por meio de documento entre as partes, mas que, ao criar um compromisso assumido publicamente, passa a ser considerada uma obrigação não formalizada. Devido ao compromisso assumido, a saída de recursos para pagamento dessa obrigação é certa, mas o prazo para liquidá-la e o montante devem ser estimados com base nas melhores estimativas dos gestores.

Vale destacar que o procedimento para mensurar uma provisão envolve o uso de estimativas e o exercício do julgamento profissional por parte dos gestores, pois algumas informações devem ser projetadas conforme expectativa de realização e premissas disponíveis.

Ainda sobre obrigações criadas por meio de processos formalizados, ou seja, obrigações legais, destacamos a necessidade da antecipação do reconhecimento de perdas futuras já previstas e calculáveis. Ou seja, alguns contratos, por exemplo, preveem cumprimento de garantias cuja provisão deve ser reconhecida no momento da venda ou prestação do serviço relacionado.

Observe leitor, que alguns contratos, cujos custos essenciais para completá-los excedem os benefícios econômicos futuros esperados são considerados contratos onerosos, e seus efeitos antecipados devem ser reconhecidos por meio da constituição de respectiva provisão. Vamos aplicar esse conceito a seguir.

> **NA PRÁTICA DE MERCADO**
>
> Uma entidade X, que necessita de serviços logísticos aéreos, assinou um contrato com a empresa Y, prestadora de serviços aéreos, para utilização de 200 voos nacionais para transporte de equipamentos estratégicos a serem utilizados em bases operacionais distantes por um período de um ano.
> Após oito meses, e tendo utilizado apenas 120 voos, a empresa X decidiu fechar todas as suas bases operacionais localizadas em outros estados mantendo apenas a matriz em funcionamento, não sendo, portanto, necessária a continuação de utilização dos 80 voos para estes destinos. No entanto, o contrato com a empresa Y prevê que os voos devem ser pagos integralmente, não podem ser cancelados e nem transferido o direito de uso a terceiros.
> Observamos nesse caso, uma obrigação presente oriunda de um evento passado, a qual foi formalizada por meio de contrato entre as partes, sendo, portanto, uma obrigação legal. Devido ao compromisso assumido, a saída de recursos para pagamento desta obrigação é certa, o prazo de vencimento conhecido e o montante pode ser estimado com confiabilidade.
> Uma provisão deve ser reconhecida pelo valor que reflita a melhor estimativa da entidade X dos pagamentos inevitáveis conforme previsto em contrato, o qual se torna oneroso após o fechamento das bases operacionais, visto que os custos para honrar a obrigação tornaram-se superiores aos benefícios econômicos futuros esperados.

Apresentados os principais termos e respectivos significados, focalizaremos os estudos para obter compreensão sobre: similaridades conceituais existentes nos elementos contábeis, aplicação dos critérios de reconhecimento, bases de mensuração apropriadas e divulgação requeridas para as provisões, ativos e passivos contingentes, e seus correspondentes impactos nas demonstrações contábeis.

## Provisão, passivo contingente e outros passivos

Observe, caro leitor, que apesar da semelhança existente entre os conceitos gerais abordados anteriormente, existem diferenças relevantes quanto à mensuração, reconhecimento e divulgação de cada obrigação, classificados didaticamente neste livro como: outros passivos, provisões ou passivo contingente.

Primeiramente, vamos apresentar as particularidades de cada termo. Uma obrigação passiva diversa ou um passivo genuíno, didaticamente considerada neste livro como *outros passivos*, se caracteriza como uma obrigação presente, cujo valor pode ser mensurado com confiabilidade, o prazo de liquidação é definido e, geralmente, tais passivos estão presentes nas atividades rotineiras das entidades. Nesse grupo se enquadram aqueles passivos cuja documentação comprobatória existente extingue qualquer incerteza sobre valor e prazo, ou aquelas obrigações derivadas de apropriações por competência, por exemplo:

- gastos fixos com aluguel de espaço administrativo, cujo passivo é reconhecido mensalmente, liquidado no início do mês seguinte ao de competência e formalizado em contrato, sendo, portanto, uma obrigação legal;
- salários a pagar a funcionários e respectivos encargos trabalhistas, reconhecidos mensalmente a cada apuração da folha de pagamento, cujo respectivo pagamento pode ocorrer no início do mês seguinte ao da prestação do serviço;

- saldos a pagar a fornecedores de materiais operacionais diversos, reconhecidos quando a entidade recebe o recurso, o material ou o serviço, cuja documentação fiscal comprobatória ou medição do serviço é conhecido e não enseja dúvidas quanto ao valor e prazo de vencimento. O pagamento da obrigação é realizado em período subsequente, conforme negociação entre as partes;
- itens de consumo recorrente, como contas de telefone, água e luz, reconhecidos mensalmente com base nas faturas enviadas pelas operadoras, contendo o respectivo consumo, para pagamento em momento posterior.

Observe, leitor, que quando não for possível afirmar com certeza o prazo de liquidação ou mensurar com confiabilidade o valor da obrigação, esta será considerada uma *provisão*, registrada levando em consideração a melhor estimativa da administração no momento do reconhecimento. Vamos exemplificar.

### NA PRÁTICA DE MERCADO

Uma loja de artefatos esportivos usualmente oferece aos seus clientes um ano de garantia para aparelhos adquiridos em uma de suas unidades, por meio da apresentação do comprovante de garantia fornecido no momento da compra.

Observamos, nesse caso, uma obrigação presente oriunda de um evento passado, a qual foi formalizada por meio de documento entre as partes, sendo, portanto, uma obrigação legal. Devido ao compromisso assumido, a saída de recursos para pagamento dessa obrigação é certa, mas o prazo para liquidá-la e o montante devem ser estimados com base nas melhores estimativas dos gestores.

Considere que, historicamente, a cada 1.000 unidades vendidas, 85% não apresentam nenhum defeito, 10% apresentam defeitos cujo custo de reparo unitário é de 100,00 e outros 5% devem ser trocados na íntegra custando 500,00 cada para a entidade. Baseado nesses dados, uma provisão de 35.000,00 deve ser reconhecida para cada 1.000 unidades vendidas por ano, conforme cálculo a seguir:
   1.000 x 85% x 0,00 = R$ 0,00
   1.000 x 10% x 100,00 = R$ 10.000,00
   *1.000 x 5% x 500,00 = R$ 25.000,00*
   Total da provisão: R$ 35.000,00

Vale ressaltar que, embora em determinadas situações os valores ou prazo de *outros passivos* necessitem ser estimados – por exemplo, valores relacionados ao pagamento de férias aos funcionários, o grau de incerteza envolvido na determinação dessas estimativas é muito menor do que nas provisões, devido a dados históricos disponíveis, adoção de premissas com baixo risco de erro e parâmetros conhecidos pela entidade. É por isso que passivos genuínos representados por apropriações por competência, apesar de representarem lançamentos estimados pela administração no período da ocorrência para reconhecimento, não apresentam grau de incerteza relevante e, assim, são considerados passivos genuínos e não provisões. Ou seja, o grau de incerteza para se apropriar por estimativa os gastos de luz de determinada fábrica em determinado mês, por exemplo, é baixo se comparado ao grau de incerteza para se determinar o valor estimado de provisão sobre peças defeituosas de novos produtos.

Compreendida a diferença entre provisão e outros passivos, vamos prosseguir aprofundando nossos estudos na análise das diferenças conceituais entre passivos e passivos contingentes.

Ao continuarmos a análise sobre a similaridade nos conceitos de provisão e passivo contingente, faria sentido supor que todas as provisões são contingentes pela incerteza envolvida na mensuração do seu prazo e valor. No entanto, repare leitor, que as provisões são reconhecidas como um passivo por preencherem dois requisitos básicos: são obrigações presentes e é provável a saída de recursos para liquidá-las. No entanto, um passivo contingente *não é reconhecido* justamente porque não preenche algum dos requisitos básicos para constituição de passivos, ou seja:

- não é uma obrigação presente e sim possível, pois ainda não houve a confirmação de sua existência;
- é uma obrigação presente, mas existem incertezas quanto à probabilidade de saída de caixa para liquidá-la ou não é possível estimar com confiabilidade o valor da obrigação.

Vejamos alguns exemplos para ilustrar a aplicabilidade dos conceitos aqui apresentados acerca das provisões, passivos contingentes e outros passivos.

> ### NA PRÁTICA DE MERCADO
>
> Uma empresa contratou um consultor contábil para instruir sua equipe administrativa quanto à melhor forma de contabilizar determinados passivos, após desconfiança, por parte do *controller*, da ocorrência de falhas nos procedimentos adotados. Foram apresentadas quatro situações para o consultor, que explicou e apresentou os corretos procedimentos que deveriam ser adotados, conforme segue:
>
> 1. *Gastos com aluguel de espaço administrativo* – A empresa paga o aluguel todo quinto dia útil do mês subsequente ao mês de competência, no valor de R$ 15.000,00 definido em contrato assinado entre as partes.
>
> *Diagnóstico do consultor contábil*: refere-se a uma obrigação presente, classificada como outros passivos, cujo prazo e montante são conhecidos e cujo reconhecimento deve ser feito no mês de competência pelo valor definido em contrato.
>
> 2. *Gastos com consultas jurídicas* – A empresa possui uma parceria com um escritório de advocacia que presta serviços legais sobre determinados assuntos jurídicos solicitados. O pagamento é feito no momento de recebimento da respectiva nota fiscal, emitida com base nas horas incorridas pelos advogados que prestaram serviço, constatado por meio de um boletim de medição operacional mensal assinado por ambas as partes. Devido ao tempo necessário para processar o boletim, a nota fiscal só é emitida, em média, 30 dias depois dos serviços prestados.
>
> *Diagnóstico do consultor contábil*: refere-se a uma obrigação presente, classificada como provisão, cujo prazo e valor são incertos; no entanto, podem ser estimados com confiabilidade com base nos boletins de medição e taxa horária média cobrada historicamente. O reconhecimento deve ser feito no mês de competência pela melhor estimativa da administração.
>
> 3. *Processo judicial* – Referente a uma multa indenizatória de R$ 20.000,00 cobrada por um determinado cliente pelo não cumprimento de garantias contratuais. No entanto, a empresa, por meio de seus assessores jurídicos, defende que o reparo exigido pelo cliente não estava previsto na cobertura das garantias contratuais.
>
> *Diagnóstico do consultor contábil*: refere-se a uma *obrigação possível*, classificada como um *passivo contingente*, pois ainda há de ser confirmado se a empresa tem ou não uma obrigação presente. O reconhecimento não deve ser feito até confirmação da existência da obrigação.

Abordaremos na sequência deste capítulo aspectos relacionados ao reconhecimento e mensuração das obrigações passíveis de serem incorporadas ao patrimônio contábil.

## Reconhecimento e divulgação

O reconhecimento de obrigações ou direitos refere-se ao fato de registrar contabilmente determinado ativo ou passivo, cuja contrapartida pode impactar a demonstração de resultado da entidade. Vejamos, portanto, quais obrigações são passiveis de reconhecimento. Apesar de não estar no escopo do Pronunciamento Técnico CPC 25, abordaremos também o tratamento contábil a ser aplicado a passivos genuínos.

Uma obrigação será reconhecida se, e apenas se, as três condições abaixo forem atendidas:

- representar uma *obrigação presente*, advinda de um evento ocorrido no passado, seja ela legal ou não formalizada;
- for provável a saída de recursos para liquidá-la;
- o valor da obrigação puder ser estimado com confiabilidade.

Tanto os passivos genuínos ou outros passivos quanto as provisões atendem às condições citadas e são, portanto, sujeitas ao reconhecimento. As particularidades de tais obrigações são suas classificações e o método de mensuração, tendo em vista que as provisões se caracterizam pela incerteza de prazo e valor, mas devem ser estimadas para registro.

O princípio básico para reconhecimento de uma obrigação se relaciona ao tipo de obrigação, ou seja, as obrigações presentes são as únicas passíveis de reconhecimento. Já as obrigações possíveis possuem exigibilidade apenas de divulgação, e as obrigações remotas são isentas de qualquer ação contábil até mudança no cenário. Portanto, podemos afirmar que ativos e passivos contingentes não são suscetíveis de reconhecimento.

Ou seja, a existência de uma obrigação presente ou não, quando não estiver explicitamente clara, deve ser analisada considerando a probabilidade de existência, geralmente embasada por especialistas que possam suportar as decisões da administração.

Ainda sobre as definições contidas nas condições de reconhecimento das obrigações, destacamos alguns aspectos relacionados ao reconhecimento das provisões:

- acerca de eventos passados, é importante destacar que independem de ações futuras da entidade, ou seja, a obrigação presente resultante de eventos passados não deixará de existir, independentemente de novas ou corretivas ações futuras serem adotadas. Além disso, a referida obrigação não deve ser confundida com despesas que necessitam ser incorridas relacionadas a operações futuras, pois apenas as obrigações que já existem na data do balanço devem ser reconhecidas;
- acerca da saída de recursos que incorporem benefícios econômicos, o reconhecimento da provisão só será realizado se a probabilidade de saída de recursos for provável, e conforme previsto no Pronunciamento Técnico CPC 25, § 23, o termo provável significa "mais provável que sim do que não de ocorrer". Caso a probabilidade de saída de recursos seja considerada possível, a informação deverá ser divulgada em notas explicativas; caso seja remota, nenhuma ação é requerida;
- estimativa confiável – considerando o grau de incerteza intrínseco para definição do valor de uma provisão, o uso de estimativas é primordial para determinação dos montantes provisionados, sendo consideradas raras as situações nas

quais a entidade não consegue projetar possíveis desfechos para determinar estimativas confiáveis.

> **NA PRÁTICA DE MERCADO**
>
> Imagine que uma empresa fabrica determinados produtos e, durante seu processo produtivo, gera lixo químico, o qual é aterrado em áreas específicas criadas pela empresa para dejeto. No entanto, após denúncia da comunidade local, as autoridades ambientais locais penalizaram a empresa em R$ 20 milhões pela poluição do lençol freático da cidade devido a vazamentos causados por estes depósitos, que segundo as autoridades não foram construídos de forma correta, pois não possuíam impermeabilização conforme requerido para esse tipo de operação.
>
> *Perguntas:*
> Refere-se a uma obrigação possível ou presente?
> A saída de recursos é provável, possível ou remota?
> O valor pode ser estimado?
>
> Se não houver dúvida da culpa da empresa nos danos e sendo comprovadas as falhas na operação, a obrigação é *presente, com saída provável de recursos, sendo o valor estimável com base nas penalidades*. Nesse caso, trata-se de uma provisão reconhecida da seguinte forma:
> D – Despesas com penalidades (DRE): R$ 20.000.000,00
> C – Passivo a pagar: R$ 20.000.000,00
>
> Se existem dúvidas quanto à responsabilidade da empresa no vazamento, sendo a confirmação dependente de eventos futuros e fora do domínio da entidade, *a obrigação é possível, e a probabilidade de saída de recursos também é possível, apesar de o valor poder ser estimado*. Nesse caso trata-se de um passivo contingente que deve ser apenas divulgado em nota explicativa.
>
> Se existem evidências de que a empresa cumpriu todos os requisitos de segurança e comprovadamente não possui relação com o ocorrido, sendo classificada pelos assessores jurídicos como *remota a chance da existência da obrigação, com probabilidade de saída de recursos também remota, apesar de o valor poder ser estimado*. Nesse caso trata-se de um passivo contingente, mas que não há necessidade de divulgar em nota explicativa.

Ainda sobre passivos contingentes, observe que elencamos situações nas quais passivos contingentes não são reconhecidos, mas devem ser divulgados caso sua evidenciação seja relevante para o usuário da informação.

No entanto, vale ressaltar que apenas em alguns casos raros, a entidade tem a possibilidade de não reconhecer e divulgar uma obrigação em que a saída de recursos para liquidá-la seja provável. Em particular, tratando-se de companhias abertas ou reguladas, o não reconhecimento das respectivas provisões só é permitido caso comprovado que não é possível estimar com confiabilidade o valor da obrigação.

Nesse caso, a norma prevê a divulgação da natureza da transação, previsão de liquidação e motivo pelo não reconhecimento da provisão, para que os usuários interessados tenham acesso à informação e possam estimar os efeitos por conta própria.

Analogamente, a não divulgação de uma obrigação com prognóstico provável de perda somente é permitida caso seja comprovado que a revelação prejudicaria as operações da entidade por se tratar de informação confidencial e estratégica da empresa, ou por requerimento de sigilo judicial. No entanto, atente leitor, para o fato de que os respectivos órgãos reguladores devem ser notificados.

Em outras palavras, se a administração da entidade julgar, com base na opinião dos seus especialistas jurídicos internos ou externos, que as chances de desembolso de recursos para liquidar uma obrigação são inferiores a 50%, ou seja, mais provável que não do que sim, trata-se de um passivo contingente.

Vale salientar que aspectos relacionados à relevância e à materialidade devem ser considerados pelos gestores quando da tomada de decisão dos fatos precitados.

Vejamos, para fins didáticos, a árvore de decisão, ilustrada na figura 5, referente aos requerimentos da norma CPC 25 para constituição de provisões e passivos contingentes baseados na expectativa de saída de recursos econômicos e da existência de uma obrigação possível ou presente.

Vamos visualizar esses conceitos por meio da ilustração da prática de mercado adotada pelas entidades, objetivando demonstrar distintas situações e ações que devem ser adotadas pelos elaboradores das demonstrações contábil-financeiras.

## Figura 5
### Árvore da decisão para reconhecimento de provisões e passivos contingentes

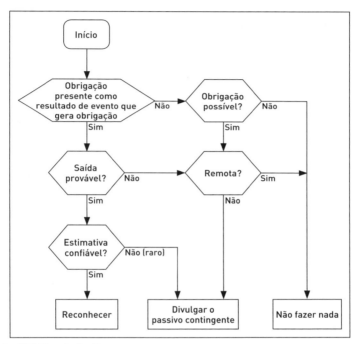

Fonte: CPC 25, apêndice B.

### NA PRÁTICA DE MERCADO

Imagine que uma empresa prestadora de serviços demitiu em X0, sem justa causa, seu gerente comercial, que recebia um salário de R$ 15.000,00 por mês e se chamava XPTO, visando a uma redução de custos, visto que suas vendas haviam caído devido à entrada de novos concorrentes no mercado. Logo após sua demissão, o funcionário XPTO entrou com uma ação judicial contra a empresa pleiteando horas extras que, segundo ele, não foram remuneradas apesar de terem sido realizadas, sendo o valor da causa arbitrado em R$ 50.000,00, referente aos últimos cinco anos de trabalho. Os assessores jurídicos contratados pela empresa para defendê-la nesse processo classificaram a causa no momento inicial como de perda remota, já que a empresa entendia que a cobrança era indevida. Portanto, em X0:

> *1. entende-se que existe uma obrigação presente, cujo valor podia ser mensurado com confiabilidade, mas que havia probabilidade remota de saída de recursos para liquidá-la. Trata-se de um passivo contingente que não requer divulgação e nem registro de provisão.*
>
> No ano seguinte, em X1, uma nova avaliação do processo foi realizada pelos assessores jurídicos contratados, que classificaram a probabilidade de saída de recursos econômicos como possível devido à apresentação de novas evidências pelo funcionário XPTO. Portanto, em X1:
>
> *2. entende-se que existe uma obrigação presente, cujo valor podia ser mensurado com confiabilidade, com possível saída de recursos para liquidá-la. Trata-se de um passivo contingente que, conforme a norma, requer divulgação e não é requerido o registro de provisão.*
>
> Em X2, diante das evidências apresentadas pelo funcionário XPTO e do depoimento de outros ex-funcionários da empresa confirmando a realização de horas extras, os assessores jurídicos contratados entendiam que seria difícil refutar os argumentos do funcionário e passaram a classificar a probabilidade de saída de recursos como provável. Portanto, em X2:
>
> *3. entende-se que existe uma obrigação presente, cujo valor podia ser mensurado com confiabilidade, com provável saída de recursos para liquidá-la. Trata-se, nesse caso, de uma provisão que, conforme a norma, requer divulgação e o respectivo reconhecimento.*

No que se refere aos ativos contingentes, como vimos no início deste capítulo, basicamente poderíamos dizer que são direitos possíveis, cuja respectiva entrada de recursos econômicos futuros é incerta, não sendo, portanto, reconhecidos nas demonstrações contábil-financeiras.

Distintamente ao tratamento contábil aplicado às obrigações com provável probabilidade de saída de recursos, os ativos contingentes só podem ser reconhecidos quando a expectativa de entrada de recursos for praticamente certa, ou seja, no caso de processos judiciais, o respectivo direito pode ser registrado apenas quando transitado em julgado.

Assim, os direitos com expectativa de entrada de recursos econômicos praticamente certa são classificados como um ativo genuíno e reconhecido, e se a expectativa for provável apenas a divulgação é sugerida. Caso seja classificada como possível ou remota, a norma não prevê o registro nem a divulgação de tal direito. Note que o peso dado ao ativo contingente é diferente daquele dado ao passivo contingente, tendo em vista que quando a contingência for provável existe a possibilidade de se reconhecer o passivo, enquanto que, se for ativo, deve apenas ser divulgado.

### NA PRÁTICA DE MERCADO

Imagine que uma empresa que opera no setor industrial adquiriu um equipamento de soldagem em X0 de um fornecedor estrangeiro para compor sua fábrica. Após seis meses de utilização, o equipamento apresentou um defeito irreparável e teria de ser trocado, conforme previsto nas cláusulas de garantia. No entanto, o fornecedor alegou que o problema foi causado pelo mau uso do equipamento e, nesse caso, a garantia não cobriria a substituição. A empresa compradora entrou com uma ação judicial requerendo a devolução do dinheiro e indenização por prejuízos operacionais advindos da paralisação de parte de suas operações, no montante total de R$ 350.000,00. Vamos analisar as situações apresentadas a seguir e determinar o correto tratamento contábil para cada momento.

*Em X0* – Os assessores jurídicos da empresa avaliaram a causa inicialmente como remota de ganho.

*Tratamento contábil* – Trata-se de um ativo contingente, que conforme a norma prevê, por ser remota a probabilidade da entrada de recursos econômicos, *não deve ser reconhecido e nem divulgado.*

*Em X1* – Os assessores jurídicos da empresa alteraram o prognóstico e avaliaram a causa como possível de ganho, devido à existência de jurisprudência favorável.

*Tratamento contábil* – Trata-se de um ativo contingente que, conforme a norma prevê, por ser possível a probabilidade de entrada de recursos *econômicos não deve ser reconhecido e nem divulgado.*

*Em X2* – Os assessores jurídicos da empresa avaliaram a causa como provável de ganho, baseado em uma perícia técnica favorável à empresa, que demonstrou que o defeito não foi causado por mau uso do equipamento.

*Tratamento contábil* – Trata-se de um ativo contingente, que conforme a norma prevê, por ser provável a probabilidade de entrada de recursos econômicos, *não deve ser reconhecido, mas a divulgação é sugerida.*

*Em X2* – O processo transitou em julgado como favorável à empresa compradora pelo valor requerido de R$ 350.000,00. Os assessores jurídicos da empresa, portanto, avaliaram a causa como praticamente certa de ganho, restando apenas a definição da forma de pagamento.

*Tratamento contábil* – Trata-se de um ativo, que conforme a norma prevê, por ser praticamente certa a probabilidade de entrada de recursos econômicos, *deve ser reconhecido e divulgado em notas explicativas.*

Após termos apresentado as diferenças conceituais entre provisões, ativos e passivos contingentes, os pressupostos necessários para reconhecimento e divulgação de uma obrigação, aspectos na mensuração inicial e subsequente, e as considerações acerca da determinação de estimativas, concluímos destacando a importância da avaliação e classificação das obrigações, visto o impacto relevante nas demonstrações contábeis e, consequentemente, nas decisões dos usuários interessados.

As normas contábeis brasileiras, atualmente alinhadas às normas internacionais, defendem que as demonstrações contábeis devem refletir fidedignamente a realidade da entidade, ou seja, os usuários que possuem interesse nas informações reportadas esperam que todos os ativos representem bens e direitos válidos e recuperáveis, assim como, os passivos estejam devidamente reconhecidos, devidamente valorados e livres de erros. Não são esperadas omissões de informações relevantes que, se conhecidas, poderiam alterar as decisões tomadas pelos usuários existentes ou potenciais.

A determinação de estimativas significativas e o julgamento profissional exercido pelos elaboradores das demonstrações contábeis devem ser amplamente divulgados, e serão interpretados pelos usuários como a melhor estimativa, ou seja, o melhor parâmetro de referência disponível naquela data para monetizar as provisões e fatos relevantes que precisam ser informados tempestivamente aos tomadores de decisão.

O que você, leitor, prefere? Tomar conhecimento de determinado fato mesmo sabendo que os montantes relacionados podem sofrer alguma alteração no futuro? Ou descobrir que informações que poderiam impactar sua decisão em investir, por exemplo, em determinada empresa, fossem omitidas por erro, falha ou fraude?

Da mesma forma, deve ser avaliada a probabilidade de saída de recursos para determinação do tratamento contábil aplicável. Vejamos a seguir.

> **NA PRÁTICA DE MERCADO**
>
> Uma empresa possui uma frota de navios, alugados a terceiros, para cruzeiros pela costa brasileira. O contrato de aluguel padrão, classificado como um arrendamento operacional, possui vigência de 10 anos e define que o arrendatário é o responsável pela manutenção das embarcações. Conforme requerimento legal, a cada quatro anos os navios devem realizar uma parada obrigatória para que sejam efetuadas as manutenções operacionais, comumente conhecidas como docagem. Outra entidade alugou um dos navios para realizar cruzeiros temáticos, passando a ser arrendatária, sendo o início do contrato datado de janeiro de 20X1. Com base nas informações contratuais, a arrendatária já possui conhecimento da obrigatoriedade da docagem a ser realizada em 20X5. Portanto, com base nessas informações, podemos concluir que:
> 1. trata-se de uma obrigação presente, como resultado de um evento passado (assinatura do contrato) com saída provável de recursos (gastos com manutenção – docagem), sendo, portanto, classificada como uma *provisão*;
> 2. sendo uma provisão, a arrendatária deverá reconhecer um passivo no montante referente ao que se espera gastar com a docagem obrigatória;
> 3. a administração sabe que usualmente docagens em navios similares custam cerca de R$ 2 milhões, com base em informações históricas fornecidas pela arrendadora, sendo esta a melhor estimativa do valor da obrigação.
>
> Considerando que essa despesa deve ser alocada ao resultado à medida que o contrato é utilizado, esses custos devem ser inicialmente ativados e amortizados na fluência do contrato até a data da realização do fato, ou seja, pelos quatro anos entre cada docagem. Veja os lançamentos:
>
> *Em 20X1: reconhecimento inicial da provisão*
> D – Manutenção a incorrer – Despesas antecipadas (ativo): R$ 2.000.000,00
> C – Manutenção obrigatória a pagar (passivo): R$ 2.000.000,00
>
> *Em 20X2: amortização dos gastos com manutenção obrigatória*
> D – Despesa com manutenção obrigatória (DRE): R$ 500.000,00
> C – Manutenção a incorrer – Despesas antecipadas (ativo): R$ 500.000,00
>
> *Cálculo: 2.000.000,00 / 4 anos = amortização de 500.000,00 por ano.*

## Mensuração

A norma CPC 25 prevê que a provisão deve ser mensurada no ato do reconhecimento pela melhor estimativa da administração quanto ao valor que provavelmente será desembolsado pela entidade para liquidar a obrigação presente.

Em seu § 37, o CPC 25 trata a melhor estimativa como o valor que melhor representa a obrigação presente na data do balanço, ou seja, se essa obrigação fosse liquidada no presente, o valor que melhor refletiria tal desembolso deveria ser reconhecido.

Atente que, caso a previsão de liquidação seja estimada para acontecer em períodos futuros superiores a um período significativo, o valor da provisão deve ser descontado a valor presente por uma taxa de desconto que considere os riscos e o valor do dinheiro no tempo, conforme previsto pela norma:

> 46. Em virtude do valor do dinheiro no tempo, as provisões relacionadas com saídas de caixa que surgem logo após a data do balanço são mais onerosas do que aquelas em que as saídas de caixa de mesmo valor surgem mais tarde. Em função disso, as provisões são descontadas, quando o efeito é material.
> 47. A taxa de desconto deve ser a taxa antes dos impostos que reflita as atuais avaliações de mercado quanto ao valor do dinheiro no tempo e os riscos específicos para o passivo. A taxa de desconto não deve refletir os riscos relativamente aos quais as estimativas de fluxos de caixa futuros tenham sido ajustadas [CPC 25 §§ 46, 47].

Note que o valor contábil da provisão, quando utilizado o desconto a valor presente, deve aumentar a cada período, objetivando demonstrar o efeito do dinheiro no tempo, sendo a contrapartida o reconhecimento no resultado do período como despesa financeira.

Adicionalmente, quando se espera que eventos futuros alterem o valor do desembolso, estes só podem refletir na mensuração presente quando os eventos forem considerados líquidos e certos. Imagine que uma nova lei ou novas tecnologias reduziriam o custo relacionado a determinada obrigação; no entanto, apenas se houver evidência objetiva suficiente da ocorrência desses eventos, a provisão registrada na presente data poderá ser reduzida.

A cada período subsequente ao do registro inicial da provisão, uma nova avaliação deve ser realizada pela administração, ou seja, as provisões devem ser reavaliadas em cada data de balanço e ajustadas para refletir a melhor estimativa corrente. Se já não for mais provável que seja necessária uma saída de recursos que incorporam benefícios econômicos futuros para liquidar a obrigação, a provisão deve ser revertida [CPC 25, § 59].

## Baixa

As provisões são baixadas quando efetivamente utilizadas ou revertidas. Assim, o termo "utilizada" significa o momento do efetivo desembolso para liquidar a obrigação para a qual a provisão foi originalmente constituída.

Note que, ao longo deste capítulo, por diversas vezes destacamos a necessidade de os gestores estimarem valores ou prazos de uma obrigação. Vejamos, então, de forma mais detalhada, os aspectos relacionados aos critérios de julgamento e as estimativas contábeis significativas.

## Critérios de julgamento e estimativas contábeis

Determinar estimativas contábeis razoáveis requer o exercício do julgamento, por parte dos gestores responsáveis por elaborar e processar informações contábil-financeiras, para estipular critérios realistas que reflitam, o mais próximo possível, a realidade econômica das obrigações.

De forma prática, os valores definidos pela administração como sendo a melhor estimativa do desembolso necessário para liquidar um passivo leva em consideração a experiência dos gestores na valoração de determinada obrigação, dados históricos, parâmetros similares disponíveis no mercado e, em alguns casos, laudos de especialistas. Paralelamente, auditores também exercem diversos julgamentos na revisão de estimativas contábeis.

Vejamos algumas situações nas quais os gestores exercem o julgamento profissional na determinação de estimativas significativas a serem reconhecidas ou divulgadas nas demonstrações contábeis:

- julgar se declarações publicadas pela entidade criam expectativas em consumidores quanto ao cumprimento de compromissos assumidos publicamente, ou seja, julgar se políticas publicadas e práticas passadas usualmente adotadas pela entidade geram a necessidade de reconhecimento de passivos por representarem obrigações não formalizadas. Para exemplificar, podemos citar propagandas realizadas por empresas que se comprometem a devolver os valores gastos por consumidores na aquisição de produtos caso o objetivo anunciado não seja alcançado;
- definição de prazos e valores para liquidação de obrigações relacionadas a contratos onerosos ainda em execução;
- projeções futuras quanto ao valor presente de obrigações cujo prazo de liquidação seja incerto, pois dependem da conclusão de obras ou projetos em andamento;
- previsão de juros e atualizações monetárias como premissas em fluxos de caixa projetados relacionados a obrigações presentes ou possíveis;
- definição de valores relacionados a garantias concedidas na venda de produtos, baseadas na expectativa de liquidação dessas obrigações contratuais, usualmente projetadas com base em informações históricas de garantias exercidas;

- estimativas relacionadas a processos judiciais em andamento cujo valor exato depende da definição de eventos futuros;
- projeção dos efeitos em obrigações presentes vinculadas a variações cambiais cuja moeda de referência da transação difere da moeda funcional da entidade;
- definição se a entidade é responsável ou não por determinada obrigação com base nos compromissos assumidos e relacionados ao evento que gerou a obrigação. Em algumas situações, a responsabilidade da entidade está limitada à conclusão de determinada etapa ou processo;
- avaliação e constante revisão da possibilidade da ocorrência de desembolsos financeiros de passivos contingentes, ou seja, passivos contingentes podem apresentar possibilidade de liquidação remota, possível ou provável, impactando a forma como essa obrigação deve ser reconhecida, mensurada e divulgada.

## Efeitos nas demonstrações financeiras

Abordamos, no primeiro capítulo deste livro, os elementos que compõem as demonstrações contábeis, sendo o conjunto completo composto pelos seguintes demonstrativos: balanço patrimonial, demonstração do resultado do exercício, demonstração do resultado do exercício abrangente, demonstração dos fluxos de caixa, demonstração da mutação do patrimônio líquido e respectivas notas explicativas.

Pois bem, o reconhecimento das provisões passivas impacta economicamente as demonstrações contábeis, assim como a divulgação dos ativos e passivos contingentes informa sobre possíveis contingências futuras que possam representar entrada ou saída de recursos financeiros e, consequentemente, influenciam seus usuários no que tange à tomada de decisão.

Observe, leitor, que as provisões geram efeito no balanço patrimonial, pois são reconhecidas no passivo circulante e/ou não circulante, de acordo com a expectativa de prazo de liquidação e impactam o resultado do exercício por meio do reconhecimento das provisões, seus incrementos e reduções oriundas da atualização das bases de mensuração, das reversões quando aplicáveis e dos respectivos juros relacionados às atualizações monetárias. Por conseguinte, a demonstração da mutação do patrimônio líquido reflete os respectivos efeitos por meio do resultado líquido do período – lucro ou prejuízo – incorporado ao patrimônio da entidade no encerramento de cada exercício.

As provisões representam operações que não envolvem o desembolso de caixa no momento do seu reconhecimento inicial e nas mensurações subsequentes. Assim, as obrigações derivadas de apropriação por competência impactam a demonstração de fluxo de caixa pelo método indireto quando suas contrapartidas são reconhecidas no resultado sem efeito de caixa, pois apesar de não haver desembolso financeiro, pelo método indireto o lucro será ajustado pela variação do patrimônio, estando incluídas as alterações no passivo.

A apresentação, em notas explicativas, dos ativos e passivos contingentes reflete, na data de referência das demonstrações contábeis, a expectativa dos gestores quanto aos efeitos que possam vir a impactar a entidade caso tais obrigações possíveis se tornem presentes e prováveis de gerar entrada ou saída de recursos financeiros. Vale ressaltar que ativos e passivos contingentes com prognóstico remoto de ocorrência não requerem divulgação em notas explicativas, pois não representam informações úteis nem relevantes para os usuários interessados nos relatórios contábil-financeiros.

Abordamos, neste capítulo, como as transações que estão na contingência de se concretizar impactam a contabilização das provisões. Além disso, buscamos evidenciar o tratamento contábil para as obrigações e os direitos que ocorrerão numa data futura, mas que podem influenciar na tomada de decisão atual por parte dos usuários da informação contábil.

No próximo capítulo, vamos abordar os aspectos relacionados à contabilização das receitas no contexto atual brasileiro, bem como os novos delineamentos trazidos pela IFRS 15, aprovada em 2015 pelo Iasb e que terá adoção obrigatória no Brasil a partir de 2018.

# 3
# Receita de vendas e de serviços

Neste capítulo, serão abordados os principais conceitos relacionados às receitas, tanto da venda de bens quanto da prestação de serviços, assim como todos os aspectos que devem ser considerados na identificação da transação e em seu reconhecimento. Ademais, apresentaremos as principais mudanças que ainda estão por vir nas normas contábeis brasileiras acerca das receitas, mas que já estão sendo discutidas pelos órgãos brasileiros e que deverão ser consideradas na preparação das demonstrações contábeis das empresas multinacionais.

## Aspectos introdutórios

O tratamento contábil para a contabilização de receitas é estabelecido pelo CPC 30 (R1) – Receita, o qual possui correlação com a IAS 18 – *Revenue*, emitido em 2009 e devidamente endossado pelos órgãos reguladores brasileiros prospectivamente. Assim, leitor, abordaremos os principais aspectos relacionados ao entendimento, reconhecimento, mensuração e divulgação da receita de acordo com as respectivas normas em vigor.

No entanto, não podemos deixar de ressaltar que, dentro do rol de normas que estão passando por um grande processo de mudança promovido pelo Iasb, a norma relacionada às receitas está em atual estágio de transformação. Em 2015, o referido órgão aprovou a IFRS 15 – Receitas de Contrato com Cliente, cuja vigência será a partir de 2018; no entanto, a adoção antecipada da norma a partir do exercício de 2016 está sendo incentivada pelo Iasb. Iremos tratar desses novos delineamentos relativos às receitas em seção própria, neste capítulo.

Para que possamos compreender a contabilização de receitas, primeiramente vamos apresentar sua definição e verificar qual a relação desse elemento com outros itens patrimoniais.

Receita é o ingresso bruto de benefícios econômicos durante o período observado no curso das atividades ordinárias da entidade que resultam no aumento do seu patrimônio líquido, exceto os aumentos de patrimônio líquido relacionados às contribuições dos proprietários [CPC 30 (R1), § 1].

Note que o conceito de receita traz a questão dos benefícios econômicos que podemos observar tanto no conceito de ativo quanto no de passivo, ambos abordados no primeiro capítulo deste livro ao tratarmos do Pronunciamento Conceitual Básico para Elaboração e Divulgação de Relatório Contábil-Financeiro. Dessa forma, o ingresso ou aumento de tais benefícios econômicos decorrentes da receita se dão de acordo com os preceitos estabelecidos na estrutura conceitual. A este respeito, veja a figura 6.

Observe que a figura 6 traduz a definição de receita como o aumento nos benefícios econômicos durante o período contábil na forma de:
- entrada de recursos ou aumento de ativos – os benefícios econômicos gerados pela entrada de recursos dizem respeito à entrada de dinheiro, seja por caixa ou banco, decorrente da venda de bens ou da prestação de serviços, ou pelo di-

**Figura 6**
Benefícios econômicos decorrentes da receita

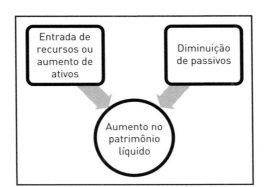

reito a receber, na forma de duplicatas, por meio de vendas realizadas a prazo;
• diminuição de passivos – quando uma empresa recebe, de um cliente, dinheiro decorrente da antecipação de pagamento, esse valor não pode ser considerado receita no momento de seu recebimento, pois a mercadoria ainda não foi entregue e nem o serviço foi prestado. Logo, foi gerada uma obrigação de entrega futura. Assim, quando a entrega ocorrer ou o serviço for executado, note que não haverá mais entrada de recursos, pois já houve antecipadamente; o que ocorre, de fato, é a diminuição de passivo pelo cumprimento da obrigação em contrapartida ao reconhecimento da respectiva receita, representando um aumento no patrimônio líquido quando os ganhos forem incorporados;
• aumentos do patrimônio líquido da entidade – como o patrimônio líquido é representando pelo saldo remanescente do ativo menos o passivo, os ingressos brutos de benefícios econômicos recebidos e a receber pela entidade, originários de suas próprias atividades, bem como a diminuição das

obrigações, geram matematicamente o aumento do patrimônio líquido. Note que esse aumento não foi proveniente de aporte de recursos dos proprietários da entidade, ou seja, não houve integralização de capital social.

As receitas, ao serem divulgadas na demonstração do resultado do exercício, representam os benefícios econômicos futuros que fluirão exclusivamente para a empresa, e não aqueles que são considerados deduções da receita, tais como tributos sobre as vendas, pois não geram aumento no patrimônio líquido e, consequentemente, são excluídos da receita bruta. No entanto, para atendimento aos critérios fiscais, seja na apuração dos impostos incidentes sobre o faturamento ou na declaração de obrigações acessórias, como a escrituração fiscal digital (EFD) para o PIS e a Cofins, por exemplo, deve-se ficar atento à ocorrência do fato gerador da receita para identificar o momento de reconhecimento.

Para fins práticos, o enfoque neste livro é dado naquelas receitas operacionais mais comuns do mercado, as quais podem ser observadas nos dois tópicos a seguir:

- venda de bens;
- prestação de serviços.

Assim como outros itens relacionados aos fenômenos patrimoniais, as receitas são analisadas na perspectiva do famoso tripé da contabilidade: reconhecimento, mensuração e evidenciação.

Desse modo, como a questão essencial na contabilização da receita é determinar quando reconhecê-la e, portanto, quando é provável que benefícios econômicos futuros fluam para a entidade e possam ser confiavelmente mensurados, iremos tratar primeiramente de todos os aspectos que devem ser considerados no momento do reconhecimento.

Assim, vamos apresentar as circunstâncias em que os critérios de reconhecimento são satisfeitos e fornecer orientação prática sobre a aplicação desses critérios.

## Reconhecimento

O indicador de desempenho por excelência das atividades organizacionais é o resultado do período, o qual inicia com a geração de faturamento pela empresa. A identificação do exato momento do ingresso das receitas na contabilidade é de fundamental importância para que os registros e análises sejam feitos da forma correta e sem vieses.

Os critérios de reconhecimento das receitas devem ser, geralmente, aplicados separadamente para cada transação. Entretanto, em certas ocasiões, pode existir a necessidade de aplicar critérios de reconhecimento da receita de forma separada, ou seja, caso seja possível identificar dois componentes de receita em uma única transação, devem ser reconhecidos os valores separados para cada tipo de receita, com a finalidade de representar a essência econômica da transação.

Neste sentido, perceba, leitor, que o foco do julgamento relacionado ao momento do reconhecimento diz respeito à identificação do tipo de receita que está embutida na transação. Assim, avaliar-se-á se existe a necessidade de segregar a transação em mais de um componente, ou se há que se reconhecer de maneira conjunta a receita em seu aspecto global, de modo que haja prevalência da essência econômica das transações sobre a forma jurídica. Vejamos, a seguir, uma situação em que há necessidade de exercer julgamento para identificar os componentes de receita em uma única transação.

> ### NA PRÁTICA DE MERCADO
> 
> Imagine um grande hospital, de uma famosa capital brasileira, que possui alta credibilidade no mercado por realizar diagnósticos precisos e precoces. Para tanto, a empresa costuma manter suas máquinas, que realizam exames, sempre atualizadas com alta tecnologia, de modo a garantir qualidade nos procedimentos. Esse hospital realizou uma compra, com uma empresa alemã, de um aparelho completamente novo e exclusivo no mercado, o qual necessitava de pessoas habilitadas para conseguir operá-lo e garantir, assim, que não haja erro no diagnóstico devido a um manuseio inadequado. A empresa alemã embute no mesmo contrato, e nota fiscal, o valor da máquina juntamente com o treinamento a ser dado para médicos do hospital. Note que apesar de existir uma única transação na forma jurídica do contrato, pode-se observar, pela essência econômica, que na verdade há dois tipos de receita, uma pela venda da máquina e outra pela prestação do serviço de treinamento da máquina. Desta forma, os valores passíveis de identificação relacionados aos treinamentos que serão dados posteriormente devem ser diferidos e reconhecidos como receita durante o período em que o serviço for executado.

No momento do reconhecimento da receita, além de sua segregação em virtude do tipo de transação, também se deve aplicar julgamento quando os bens vendidos, ou serviços prestados, forem objeto de troca ou de permuta por outros bens ou serviços de mesma natureza e valores idênticos. Nesse caso, a permuta não é considerada como uma transação que gera receita e, consequentemente, não há que se reconhecê-la, tendo em vista que, por serem de mesma natureza, não haverá aumento do patrimônio líquido em decorrência do aumento de ativo ou diminuição de passivo.

De outra forma, quando os bens vendidos, ou serviços prestados, estiverem em negociação com outros bens ou serviços que não sejam similares, mas sim de natureza diferente, tais permutas são vistas como transações que geram receita e devem ser mensuradas pelo método de valor justo, o qual será tratado em uma seção própria deste capítulo relativa à mensuração de receita.

Para uma operação ser considerada uma permuta, deve-se observar até que ponto seus fluxos de caixa futuros da entidade serão modificados em virtude da transação. De acordo com o CPC 27, § 25, a operação de permuta tem natureza comercial se:

# RECEITA DE VENDAS E DE SERVIÇOS

(a) a configuração (ou seja, risco, oportunidade e valor) dos fluxos de caixa do ativo recebido for diferente da configuração dos fluxos de caixa do ativo cedido; ou

(b) o valor específico para a entidade de parcela das suas atividades for afetado pelas mudanças resultantes da permuta; [...]

Dessa forma, em caso de permuta, para que haja o reconhecimento da receita, faz-se necessário que a transação possua substância comercial. Então, vejamos a seguir duas situações de permuta com diferentes possibilidades de reconhecimento.

### NA PRÁTICA DE MERCADO

Imagine que uma companhia aérea vendeu um número de bilhetes de passagem maior que as acomodações do voo. É o famoso *overbooking*, ou seja, o passageiro não consegue embarcar no voo para o qual possuía reserva devido ao excesso de passageiros. Normalmente, essas empresas têm parcerias com outras companhias aéreas, de modo que haja a possibilidade de endosso, isto é, o direito que o passageiro tem de trocar o bilhete de passagem de uma companhia aérea para outra. Num primeiro momento, na perspectiva da forma jurídica, poder-se-ia pensar que a empresa endossatária, que está recebendo o passageiro em decorrência de *overbooking* de outra companhia, deveria contabilizar a receita da passagem. No entanto, olhando mais atentamente a essência econômica da transação, observa-se que na verdade há uma permuta entre as companhias aéreas, de modo que num momento subsequente a empresa endossatária passará a ser endossante. Então, como não há natureza comercial, não há que se reconhecer a receita.

De forma antagônica, imagine que a mesma companhia aérea está com necessidade de realizar uma mudança em sua estrutura física interna e, para tanto, contratou uma empresa que faz móveis planejados, bem como uma arquiteta. Após algumas reuniões de negociação, o diretor de relacionamento sugeriu que fizessem uma parceria, em que pudesse ser realizada uma permuta, ou seja, haveria uma troca de passagens aéreas pelos serviços prestados da arquiteta e pelos móveis vendidos. Assim, note que a configuração dos fluxos de caixa – ou seja, risco, oportunidade e valor do ativo recebido – é completamente diferente da configuração dos fluxos de caixa do ativo cedido. Nesse caso, pelo fato de ter sido gerado benefício futuro em decorrência do aumento de ativo, com incremento do imobilizado, e aumento do patrimônio líquido, deve-se reconhecer a receita, relativa ao ativo cedido e, da mesma forma, o respectivo custo do bem adquirido, ambos a valor justo.

Nesse contexto, vamos apresentar, a seguir, os critérios essenciais para o reconhecimento da receita decorrente da venda de bens.

## Receita de venda de bens

No que se refere às vendas de bens, o CPC 30 (R1), § 14, elenca algumas condições para que os critérios de reconhecimento sejam atendidos e, assim, a receita possa ser reconhecida. É importante ressaltar que devem ser levadas em consideração todas as condições exigidas pela norma, de modo que a falta de uma delas poderá não retratar fidedignamente a realidade e não representar a primazia da essência sobre a forma, ou seja, o equilíbrio no atendimento de todas elas é o que dará qualidade à informação contábil e, consequentemente, relevância para a tomada de decisão.

Existem cinco critérios para reconhecimento da receita da venda de bens que devem ser levados em consideração, mas três deles são comuns a todos os tipos de receita e dois deles, que estão destacados na figura 7, são específicos para a venda de bens. Vejamos.

Primeiramente, deve-se exercer julgamento acerca do exato momento em que a entidade transfere os riscos e os benefícios significativos da propriedade para o comprador, ou seja, para que a receita não seja reconhecida, a análise deve estar fundamentada para garantir que a entidade está retendo os riscos e benefícios da operação. Todavia, se o risco retido pela empresa for considerado imaterial diante do valor global da receita, o reconhecimento pode ser realizado, mas é recomendável que seja efetuada uma provisão para obrigações decorrentes de tal risco retido, como é o caso das garantias concedidas aos clientes. Observe, a seguir, um exemplo prático sobre retenção de risco após venda de determinado item.

RECEITA DE VENDAS E DE SERVIÇOS

**Figura 7**
Critérios para reconhecimento da receita de venda de bens

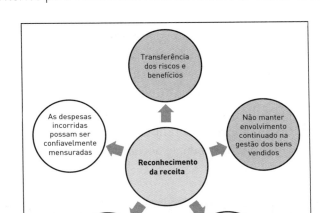

### NA PRÁTICA DE MERCADO

Imagine que um banco de investimento possui uma carteira de recebíveis que está registrada na contabilidade por R$ 540.000,00 e, para uma obtenção de caixa, foi decidido vender pelo mesmo valor. O banco garante ao comprador R$ 15.000,00 de restituição em casos de perdas possíveis, mas exige, no contrato, que deverá aprovar revendas futuras dos recebíveis. Com base nos valores dos anos anteriores, as perdas esperadas são de R$ 20.000,00. Com base nessas informações, o principal julgamento a ser exercido é se houve retenção dos riscos e benefícios, bem como se o controle foi retido. Note que, pelos dados históricos, a perda é R$ 20.000,00, mas o banco só assegura até R$ 15.000,00 de perdas, ou seja, a garantia não cobre todas as perdas possíveis, porém cobre parte delas. Se observarmos apenas esse fato, não conseguiremos fazer uma análise completa para definir se houve transferência ou retenção de riscos e benefícios. No entanto, como está especificado no contrato que o banco deverá aprovar a transferência desses recebíveis para uma terceira parte, infere-se que houve retenção de controle. Desse modo, o banco só poderá reconhecer a receita em relação àquilo em que ele não tem mais envolvimento continuado, ou seja, não se deveria reconhecer a receita devido à existência da garantia de R$ 15.000,00, pois representa manutenção da gestão continuada dos bens vendidos e evidência de que não houve a transferência completa dos riscos e benefícios associados ao item.

O CPC 30 (R1), § 15, assegura que na maior parte dos casos, a transferência dos riscos e dos benefícios inerentes à propriedade coincide com a transferência da titularidade legal ou da transferência da posse do ativo para o comprador. Todavia em algumas circunstâncias a transferência dos riscos e benefícios da propriedade ocorre em momento diferente da transferência da titularidade legal ou da transferência da posse do ativo.

Assim, ao analisar as situações que envolvem a identificação da receita, caso a empresa retenha algum risco ou benefício, na essência não houve uma venda, e, portanto, não há que se falar em reconhecimento.

> **NA PRÁTICA DE MERCADO**
>
> Uma empresa fabrica e comercializa vestidos de luxo de alta costura e, na maior parte das vezes, as clientes procuram a empresa com bastante antecedência e tiram suas medidas para confecção de um vestido exclusivo. Imagine que uma cliente adquiriu o vestido em 10 parcelas mensais iguais e fica sob sua responsabilidade zelar pelo vestido, mantê-lo de acordo com as especificações do contrato, não podendo exceder um determinado limite de número de ocasiões para utilização. Além disso, há uma cláusula no contrato em que a empresa se compromete a recomprar de volta o vestido ao término do décimo mês, porém se a cliente inadimplir em seus pagamentos, a empresa passa a ter o direito de retirar o vestido a qualquer momento. Num primeiro momento poderíamos acreditar que se trata de uma receita relativa à venda do vestido. No entanto, observe que a empresa impõe uma série de restrições ao uso e que o contrato parece mais um contrato de arrendamento do que um contrato de venda. Portanto, nesse caso, não há o que se falar em reconhecimento de receita, não só pela retenção de controle, como também pela cláusula de recompra.

Observe, a seguir, outros exemplos de situações em que a entidade pode reter riscos e os benefícios significativos da propriedade e fica impedida de reconhecer a receita.

- Quando a entidade vendedora retém uma obrigação em decorrência de desempenho – Nesses casos, a empresa vendedora se compromete a devolver o valor decorrente da venda caso o cliente venha a devolver em razão de insatisfação quanto ao desempenho do produto que não esteja coberta por cláusulas usuais de garantia.

- Nos casos em que o recebimento da receita de uma venda em particular é contingente – Isso ocorre normalmente por meio de uma venda consignada, ou seja, o reconhecimento da receita depende da venda dos bens, pelo comprador, para um terceiro.
- Quando os bens vendidos estão sujeitos a instalação – Nessa situação, como a instalação é uma parte significativa do contrato e ainda não foi executada pela entidade, não se deve reconhecer a receita.
- O comprador tem o direito de rescindir a compra – Quando o cliente, por uma razão especificada no contrato de venda, venha a possuir o direito de devolver a mercadoria, o reconhecimento da receita ficará vetado caso a entidade vendedora não esteja certa da probabilidade de devolução.

No entanto, podem existir circunstâncias em que haja dúvida quanto à efetiva realização da receita, ou seja, se realmente os bens vendidos foram entregues e/ou os serviços foram prestados e, nesses casos, só se pode ter segurança para reconhecer a receita quando tal incerteza for removida.

Ademais, ainda pode surgir outra incerteza relativa à realização do valor já reconhecido como receita: os valores incobráveis decorrentes dos recebíveis originados de vendas a prazo, bem como a parcela do valor cuja recuperação é remota. Nessa situação, tais estimativas de perdas devem ser reconhecidas como despesa no resultado do exercício quando identificadas e não como redução do montante da receita originalmente reconhecida, pois esta foi registrada considerando que era provável que o cliente cumprisse com sua obrigação de pagar pelo bem ou pelo serviço, conforme premissa básica para a receita ser reconhecida.

Outro fato relevante na consideração do reconhecimento da receita diz respeito à vinculação ao princípio da confrontação das despesas com as receitas, ou seja, ao regime de competência. Assim, as receitas e as despesas relacionadas à mesma transação ou a outro evento devem ser reconhecidas simultaneamente.

O CPC 30 (R1), § 19, garante que as despesas, incluindo garantias e outros custos a serem incorridos após a entrega dos bens, podem ser mensuradas com confiabilidade quando as outras condições para o reconhecimento da receita tenham sido satisfeitas. Contudo, quando as despesas não puderem ser mensuradas com confiabilidade, a receita não pode ser reconhecida.

Em tais circunstâncias, quaisquer contraprestações antecipadas, ou seja, entradas de recursos financeiros já recebidos pela venda dos bens devem ser reconhecidas como passivo sem efeito no resultado do exercício, vale dizer, o momento do reconhecimento da receita pode ser diferente dos benefícios gerados pela entrada de fluxos de caixa. Nesse caso de antecipação dos recebíveis pela geração de um passivo na conta de adiantamento de clientes, apenas num momento subsequente, quando a empresa transferir os riscos e os benefícios ao comprador, poder-se-á reconhecer a receita de venda mediante baixa daquela obrigação de entregar a mercadoria por meio da diminuição do saldo da conta de adiantamento de clientes em contrapartida ao reconhecimento da receita no resultado do exercício. Vejamos um exemplo prático sobre o reconhecimento de receita com antecipação de pagamento.

### NA PRÁTICA DE MERCADO

Uma indústria produtora de material explosivo possui alguns pedidos feitos por construtoras para produção de dinamites e não pode estocá-las, já que só pode produzir mediante encomenda aprovada por órgãos fiscalizadores. Para efetivação do pedido, os clientes precisam realizar parte do pagamento, que monta em torno de 50% do valor total da encomenda. Num primeiro momento, esse valor entrará no caixa da empresa, mas ainda não se deve reconhecer a

# RECEITA DE VENDAS E DE SERVIÇOS

> receita, pois se trata de um adiantamento de cliente, que deve ser contabilizado no passivo por se tratar de uma obrigação adquirida de entregar mercadoria no futuro. Posteriormente, quando os produtos forem entregues às construtoras, no local que a legislação permita, inclusive com acompanhamento do Exército, a receita deverá ser reconhecida pelo seu valor integral, ainda que o restante do pagamento seja feito no futuro. Então, de qualquer forma, o principal critério de reconhecimento da receita foi atendido pela geração de benefício econômico com a entrada de recursos na empresa, seja pelo pagamento restante à vista ou pelo direito adquirido de receber posteriormente, bem como pela diminuição do passivo anteriormente adquirido, cuja obrigação foi agora cumprida com a entrega dos produtos.

Outra questão importante no reconhecimento da receita diz respeito aos bens que estão em trânsito. Para tratarmos disso, vamos traçar um raciocínio. Observe, leitor, que a receita só poderá ser contabilizada se o controle do bem, representado pela transferência dos riscos e benefícios do mesmo, for transferido ao cliente, de acordo com o princípio da realização da receita. Antes dessa transferência, o bem ainda é um estoque, ou seja, um ativo da empresa. Relembrando o que apresentamos no primeiro capítulo, para ser considerado um ativo basta que a empresa tenha o controle do bem, independentemente da posse e da propriedade.

Imagine que uma empresa financiou seus estoques, cuja propriedade jurídica, pelo contrato, é do fornecedor e que tais estoques estejam armazenados num galpão em poder de terceiros. Independentemente de a posse ser de terceiros e de a propriedade ser do fornecedor, na essência econômica o controle do bem é da empresa, pois titularidade não é sinônimo de ter o bem em mãos e, na verdade, a entidade é que possui os riscos e benefícios dos estoques.

Pois bem, a partir do conceito de ativo, quando os bens estão em trânsito é de suma importância identificar quem possui seu controle. Assim, para que se possa reconhecer a receita, no caso da vendedora, a empresa não deve mais controlar o item e sim transferir seus riscos e benefícios, e para a compradora a contabilização do item como seu estoque se dará quando assumir o referido controle.

Analisando tal cenário, o controle a partir do frete deve ser levado em consideração. Tradicionalmente, conforme os aspectos legais e contábeis, os bens deverão ser incluídos no estoque da empresa financeiramente responsável pelos custos de transporte. Então, a este respeito, a Fipecafi (2012:7) apresenta alguns tipos de frete que podem influenciar o reconhecimento da receita. Vejamos a seguir:

- FOB – *Free on board destination*. Nessa modalidade, como a mercadoria que está em trânsito é de inteira responsabilidade do vendedor durante todo o trajeto até o destino, o reconhecimento da receita, e sua baixa de estoque, só ocorrerá quando o comprador receber os bens;
- FOB – *Free on board shipping point*. Nesse caso, de uma forma geral, os bens em trânsito pertencem ao comprador. Assim, a responsabilidade do vendedor é restrita ao momento em que ele entrega a mercadoria à transportadora e, após a transferência de responsabilidade, a empresa já pode reconhecer a receita, ainda que a mercadoria não tenha chegado ao cliente;
- *Free along side*. Nesse tipo de frete, existe uma divisão de responsabilidades. A empresa vendedora arca com todas as despesas e riscos envolvidos na entrega dos bens até o local onde serão reembarcados. Já o cliente irá assumir as despesas de carregamento e transporte. Então, a receita só será reconhecida pela empresa vendedora quando os riscos e benefícios forem transferidos, no momento em que o segundo transportador assumir o controle dos bens;
- CIF – *Cost insurance and freight*. Nessa categoria, a empresa vendedora assume os custos, o seguro e o frete da transação, ou seja, é de sua inteira responsabilidade colocar as mercadorias no local onde o cliente determinar, e apenas nesse momento poder-se-á reconhecer a receita e proceder à respectiva baixa de estoque.

Observe, a seguir, um exemplo prático que ilustra como pode haver insegurança sobre o momento ideal de reconhecimento da receita.

> **NA PRÁTICA DE MERCADO**
>
> Uma indústria especializada na produção de carne bovina, resfriada e congelada, além de vender carnes para todo o Brasil, realiza exportação para outros países da América Latina em função da alta qualidade de seus produtos. Imagine que a indústria fique no norte do Brasil e que realiza venda de produtos para estabelecimentos localizados em Porto Alegre, no Rio Grande do Sul. Há alguns clientes que fazem o pedido sempre nos últimos dias úteis do mês, de modo que o caminhão frigorífico sai da fábrica no final do respectivo mês com a devida nota fiscal, senão nem passaria pelos postos fiscais interestaduais, mas os produtos só chegam ao cliente no mês seguinte devido ao longo tempo de deslocamento, pelo trajeto de norte a sul do país. Esse fato poderia gerar confusão para saber em qual momento poder-se-ia identificar que os riscos e benefícios foram transferidos para os clientes no Sul, se no mês de emissão da nota fiscal e saída do produto da fábrica ou se no momento da chegada ao comprador, no mês seguinte. Observando a essência econômica da transação e objetivando gerar uma informação mais relevante, dever-se-ia identificar o tipo de frete envolvido, mas de uma forma geral o reconhecimento da receita só deveria acontecer quando houvesse a transferência de controle do bem para os clientes. Os produtos poderiam ainda não estar em posse do comprador, mas se houvesse, por exemplo, um seguro da carga em que o cliente fosse beneficiário, já haveria elementos consistentes para que a receita pudesse ser reconhecida com segurança.

Após apresentarmos os critérios necessários para reconhecimento da receita da venda de bens, vamos agora expor os principais aspectos relacionados à receita de prestação de serviços.

## Receita de prestação de serviços

Precisamos observar também os critérios que devem ser considerados no reconhecimento das receitas advindas da prestação de serviços. De acordo com o CPC 30 (R1), § 20, a referida receita deve ser reconhecida quando o desfecho da transação, que envolva a prestação de serviços, puder ser confiavelmente estimado.

Observe, a seguir, as condições que devem ser satisfeitas para que a estimativa do desfecho de uma transação possa ser considerada confiável. Olhando com atenção, você irá verificar que os critérios considerados para a receita de prestação de serviços são muito parecidos com aqueles da receita de venda de bens, mas existe um critério que é específico para prestação de serviço, destacado na figura 8, e que se refere ao estágio de execução da transação.

**Figura 8**
Critérios para reconhecimento da receita de prestação de serviços

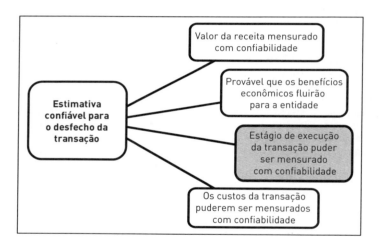

Desse modo, a receita associada à operação deve ser identificada e reconhecida tendo como referência o estágio de execução dos serviços prestados, conhecido como *stage of completion*, até a data de fechamento das demonstrações contábil-financeiras. Raciocinemos sobre isso.

Em suas operações, as empresas necessitam de outras organizações para prestação de serviços de diversas naturezas. No momento da negociação para acordar os serviços a serem prestados, as empresas podem acertar um valor total pelo serviço com o prazo estimado para concluí-lo, como também podem negociar para que a prestação do serviço seja contínua, sem prazo de término, de modo que os benefícios gerados estejam sempre em processo de continuidade.

Nesse processo de negociação entre as partes sobre o serviço a ser prestado, o CPC 30 (R1), § 23, afirma que a empresa é capaz de fazer estimativas confiáveis acerca dos itens a seguir:

(a) os direitos que cada uma das partes está habilitada a receber quanto ao serviço a ser prestado e recebido pelas partes;
(b) a contraprestação a ser trocada; e
(c) o modo e os termos da liquidação da operação.

Nesse sentido, quando um serviço puder ser estimado pelo seu valor global e houver como identificar o exato trabalho a ser desenvolvido durante o período acordado, devemos levar em conta que a receita será reconhecida à medida que o serviço for sendo executado, devido ao princípio da realização da receita, em que a receita será reconhecida quando os riscos e benefícios relativos aos bens forem transferidos, o que muitas vezes coincide com a entrega física do mesmo ou, nesse caso, com a efetiva prestação dos serviços. No entanto, quando determinada etapa tiver maior relevância do que quaisquer outras, o reconhecimento da receita deverá ser adiado até que essa etapa significativa seja executada. Observe, a seguir, uma situação prática para identificação das etapas de trabalho que impactará no reconhecimento da receita.

### NA PRÁTICA DE MERCADO

Uma empresa especializada em prestar serviços de consultoria empresarial possui profissionais capacitados para diagnosticar e criar soluções estratégicas para um melhor desempenho dos negócios de seus clientes. Tal organização foi contratada por um grupo empresarial que atua na educação superior,

> em nível de graduação e pós-graduação. O referido grupo fazia má gestão de seus recursos e encontrava-se em estado de insolvência, ou seja, necessitando vender ativos de longo prazo para pagar contas de curto prazo. A consultoria verificou, entre outras coisas, que seria necessário executar as seguintes etapas para se chegar ao objetivo maior:
>
> 1. identificação do modelo de negócio;
> 2. levantamento de documentação;
> 3. planejamento dos programas de trabalho;
> 4. diagnóstico econômico-financeiro;
> 5. acompanhamento do *status* de negociação de dívidas;
> 6. levantamento dos critérios para remuneração com base no desempenho;
> 7. realização de planejamento tributário;
> 8. relatório final da consultoria.
>
> O acordo inicial entre as partes é que seria pago um valor global por toda a consultoria dada num prazo estimado de seis meses. Não obstante a forma como o cliente iria pagar, o reconhecimento da receita da prestação de serviços por parte da consultoria se daria proporcionalmente, à medida que as etapas fossem sendo executadas. Entretanto, poderia haver dúvida acerca do momento ideal para reconhecer a receita caso alguma etapa fosse considerada, após julgamento pelas partes, mais significativa do que outra. Nessa hipótese, dever-se-ia adiar o reconhecimento da receita até o momento de conclusão de tal etapa significativa de forma proporcional aos serviços prestados. De forma prática, relatórios de medição com a relação das horas incorridas em cada etapa, em contrapartida às horas totais orçadas, poderiam ser um parâmetro para o reconhecimento da receita ao longo do período.

A norma que versa sobre as receitas de prestação de serviços, CPC 30 (R1), em seu § 25, assegura que nos casos em que os serviços a serem prestados não possuam uma quantidade de etapas definida, a receita deverá ser reconhecida de maneira linear pelo prazo estimado da execução, a não ser que existam evidências de que outro método represente de forma mais fidedigna o estágio de execução da transação.

No reconhecimento da receita deve prevalecer, portanto, a essência econômica sobre a forma jurídica, de modo que a informação gerada seja útil e represente fidedignamente a transação. Assim, ainda que não conheçamos detalhes sobre as etapas da prestação do serviço, mas já tenhamos elementos suficientes que garantam que os benefícios econômicos futuros irão fluir para a entidade, a receita deverá ser reconhecida. Vejamos um exemplo a este respeito.

> ## NA PRÁTICA DE MERCADO
>
> Uma rede hoteleira possui um *spa* objetivando oferecer aos seus hóspedes tratamento de beleza, saúde e bem-estar. Com a finalidade de incentivar seus clientes a consumirem seus serviços, a empresa conta com um programa de bonificação em que são vendidos pacotes promocionais, e para cada cinco estadias vendidas, uma gratuita adicional será concedida ao cliente.
> O *spa* estabelece regras segundo as quais o direito de usufruir de tais estadias está limitado a três meses. Observe que tal bonificação, na essência econômica, nada mais é do que uma redução da margem de lucro da empresa pelas estadias precificadas individualmente, ou seja, no preço global das cinco estadias cobradas inicialmente está incluindo também o serviço a ser prestado com a estadia da bonificação.
> Note que a parcela relativa ao bônus deverá impactar o diferimento da receita *pro rata tempore* no que se refere a esse bônus. Assim, pode-se depreender que a receita deve ser reconhecida não só por cinco estadias, pois na essência estará correspondendo à prestação do serviço de seis estadias. Logo, o reconhecimento da receita total relativa às cinco estadias deverá ser distribuída pelas seis durante o período preestabelecido no contrato.

De outra forma, nos casos em que os serviços a serem prestados não tenham um prazo especificado para execução mas possuam etapas bem definidas, a identificação da proporção do serviço que já foi executada será determinada a partir da utilização do método da percentagem completada, também conhecido como *percentage of completion* (POC). Tal método também é usado para contratos de construção, em que a receita referente às obras deve ser reconhecida à medida que a obra vai sendo executada.

Para se determinar em que fase ou estágio se encontra a execução do serviço, o CPC 30 (R1), § 24, afirma que há diversos métodos, mas a entidade dever escolher um que mensure confiavelmente os serviços executados. Observe a seguir, na figura 9, alguns procedimentos que a empresa pode utilizar para identificar a fase de conclusão dos serviços acordados.

**Figura 9**
Identificação da fase de conclusão do serviço

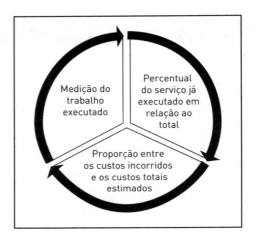

Quando se consegue identificar a proporção dos serviços executados a partir dos procedimentos supracitados, o reconhecimento da receita pode ser feito de forma confiável. O problema surge quando não é possível estimar com confiabilidade o prazo de conclusão do objeto da transação. Daí, leitor, hipoteticamente você pode se perguntar: qual parcela da receita devo reconhecer, independentemente do que já recebi financeiramente, se não sei o atual estágio de conclusão do serviço?

Nesse caso, a melhor alternativa é reconhecer a receita na proporção dos gastos recuperáveis, ou seja, aqueles custos que efetivamente puderam ser identificados na execução dos serviços. Porém, quando não for provável que os custos incorridos sejam recuperados, a receita não deve ser reconhecida e os custos incorridos devem ser encaminhados ao resultado do exercício como despesa. Vejamos a seguir um exemplo a esse respeito.

RECEITA DE VENDAS E DE SERVIÇOS

> **NA PRÁTICA DE MERCADO**
>
> Uma construtora firmou um contrato por empreitada, em que o cliente concorda com o preço prefixado, para construir uma piscina de concreto num condomínio por R$ 35.000,00. Os custos totais estimados no momento inicial de reconhecimento eram de R$ 22.000,00, e o prazo estimado para conclusão da obra foi de três meses.
>
> O acompanhamento dos valores era feito com base no orçamento empresarial para verificar os custos orçados *versus* o realizado, e eram considerados itens como: custos de mão de obra, incluindo supervisão; custos de materiais usados na construção; depreciação de ativos imobilizados; custos para levar ou retirar do local os materiais necessários à execução da obra; custos de aluguel de equipamentos e outros aplicáveis.
>
> Ao final do primeiro mês e considerando que não houve custos adicionais aos inicialmente orçados, os custos incorridos pela construtora incluíam R$ 6.600,00 relativos a materiais adquiridos e estocados no local da obra, o que correspondia a 30% dos custos totais estimados de R$ 22.000,00. O estágio de execução das obras é calculado com base na proporção dos custos incorridos relacionados aos trabalhos executados até a data da demonstração. Dessa forma, a receita a ser reconhecida ao final do primeiro mês deve ser 30% da receita total estimada, ou seja, R$ 10.500,00.

É necessário que a organização verifique se os custos orçados e esperados para prestar os serviços se elevam numa escala material, devido a fatores que não foram inicialmente previstos, e fazem com que o contrato se torne oneroso. O CPC 25, que trata de provisões, passivos contingentes e ativos contingentes, em seu § 10, define contrato oneroso como um contrato em que os custos inevitáveis de satisfazer as obrigações do contrato excedem os benefícios econômicos que se espera receber ao longo do mesmo contrato.

Havendo um contrato oneroso, deve-se ter cautela no reconhecimento da receita, pois, de acordo com o CPC 30 (R1), § 9, a obrigação presente decorrente do contrato refere-se a uma provisão e deve ser reconhecida e mensurada como tal. Abordamos os aspectos relacionados aos contratos onerosos no capítulo 2 deste livro.

Evidenciamos todos os aspectos relativos ao reconhecimento das receitas da venda de bens e das receitas de prestação de serviços.

Vamos agora apresentar os critérios que devem ser levados em consideração no que se refere à mensuração das receitas.

## Mensuração

Assim como o processo de identificação e reconhecimento da receita é de suma importância para gerar utilidade para os usuários, a forma pela qual a receita será mensurada também irá completar a informação para que seja capaz de impactar a tomada de decisão.

Conforme CPC 30 (R1), § 9, a receita deverá ser mensurada pelo valor justo dos bens vendidos ou dos serviços prestados, ou seja, quando a empresa vier a receber ativos, na forma de caixa e/ou recebíveis, ou tiver passivos extintos, deverá entregar valor aproximadamente igual em troca, sob a forma de bens e/ou serviços. Vale ressaltar que o montante supracitado deve ser deduzido de quaisquer descontos comerciais concedidos aos clientes e/ou bonificações decorrentes de volume ou *mix* de vendas.

Dessa forma, o valor justo da receita se refere à contraprestação recebida ou a receber, isto é, o valor da receita deve se dar em decorrência da remuneração dos serviços prestados ou do preço dos bens vendidos. Em geral, tal remuneração é feita na forma de caixa ou equivalentes de caixa e também de recebíveis, todavia o CPC 30 (R1), § 11, esclarece que quando o ingresso referente à prestação de serviço ou à venda de bens vier a ser diferido, a remuneração supracitada pode vir a ser menor do que o valor nominal do caixa recebido ou a receber. É o caso das vendas com juros embutidos, que será exemplificada adiante.

Então, deve-se observar o modelo de negócio e verificar, no *modus operandi* da negociação comercial, se o diferimento do pagamento faz parte da práxis das vendas usuais. Isso quer dizer que existem duas possibilidades:

- o preço recebido é o valor justo decorrente da venda em condição normal e usual;
- existe um componente de financiamento na negociação decorrente da diferença entre o preço que seria pago em condições normais e o preço efetivamente pago pelo cliente.

No primeiro caso, o valor justo a ser considerado na mensuração da receita é o valor considerado à vista, pois esse acordo entre as partes está dentro das condições normais de negociação na data da transação, ainda que a empresa permita que o cliente pague a prazo. Perceba que há um elemento subjetivo devido ao julgamento relativo ao modelo de negócio, mas dessa forma a informação tornar-se-á mais relevante.

Já no segundo caso, quando o acordo refletir uma transação de financiamento em consequência do diferimento do pagamento em condições que fogem da normalidade da negociação, como permitir que o cliente pague em 12 parcelas, por exemplo, a mensuração da receita deve ser feita com base no cálculo do valor do acordo trazido a valor presente, isto é, devem-se descontar todos os fluxos de caixa futuros a uma taxa de juros que represente o risco da negociação.

Nesse sentido, tais juros deverão ser reconhecidos utilizando como base o método da taxa efetiva de juros, que nada mais é do que a taxa interna de retorno. O CPC 30 (R1), § 11, assegura que a referida taxa de juros imputada deve ser aquela mais observável entre:

- taxa equivalente a um instrumento financeiro com classificação de crédito similar;
- taxa de juros que desconte o valor nominal do instrumento para o preço de venda à vista dos bens ou serviços.

Por conseguinte, o elemento financeiro que esteja embutido na operação, quer dizer, a diferença existente entre o valor justo e o valor nominal da contraprestação, deverá ser reconhecido como receita financeira no resultado do período. Observe, a seguir, uma situação prática para entendermos melhor como se daria uma venda com necessidade de apurar o valor justo com elemento financeiro embutido.

### NA PRÁTICA DE MERCADO

Uma indústria que produz ventiladores de teto realizou uma venda a prazo. Caso o cliente tivesse optado por pagar à vista, o valor da operação seria de R$ 520.000,00. No entanto, o cliente optou pelo pagamento trimestral a prazo durante 12 meses nas seguintes condições:

Primeira parcela: R$ 100.000,00 (final do trimestre);
Segunda parcela: R$ 200.000,00 (final do semestre); e
Terceira parcela: 300.000,00 (após 12 meses).

Note que o valor total a ser pago pelo cliente será de R$ 600.000,00, somando as três parcelas. No momento do reconhecimento inicial, seria feito o seguinte lançamento contábil:

D – Contas a receber: R$ 600.000,00
C – Juros a apropriar (redutora de ativo): R$ 80.000,00
C – Receita de vendas: R$ 520.000,00

É necessário encontrar a taxa efetiva de juros para separar o valor da receita propriamente dita do elemento financeiro e apropriar os juros da transação ao resultado, à medida que o tempo transcorrer. Usando as teclas da calculadora financeira, encontraríamos a seguinte taxa:

520.000 CHS g Cfo→ 100.000 g Cfj→ 200.000 g Cfj→ 0 g Cfj→ 300.000 g cfj→ f IRR
Taxa = 5,25228% a.t.

Com base nesta taxa encontrada, teríamos o seguinte fluxo de caixa durante o período:

| Valor presente | 520.000 | Saldo inicial | Juros | Parcelas | Saldo final |
|---|---|---|---|---|---|
| 1º trimestre | -100.000 | 520.000 | 27.311,87 | -100.000,00 | 447.311,87 |
| 2º trimestre | -200.000 | 447.311,87 | 23.494,08 | -200.000,00 | 270.805,95 |
| 3º trimestre | 0 | 270.805,95 | 14.223,49 | 0,00 | 280.029,45 |
| 4º trimestre | -300.000 | 285.029,45 | 14.970,55 | 300.000,00 | 0,00 |
|  |  | Total | 80.000,00 | 600.000,00 |  |

Assim, ao final do primeiro trimestre, por exemplo, teríamos os seguintes lançamentos contábeis, cujo racional se aplica ao fim das demais parcelas:

D – Banco:              R$ 100.000,00     Pelo recebimento da parcela
C – Contas a receber:   R$ 100.000,00

D – Juros a apropriar (redutora de ativo):   R$ 27.311,87     Pela apropriação
                                                              dos juros
C – Receita financeira:                      R$ 27.311,87

Observe que a receita será reconhecida pelo valor presente, descontando os juros cobrados como financiamento da operação, conforme o caso supracitado. No entanto, vale salientar que os impostos incidentes na operação possuem como base de cálculo o valor global da nota fiscal.

## Evidenciação

No que se refere às receitas, todas as informações relevantes, que podem impactar na tomada de decisão mas que não puderam ser traduzidas a partir das informações gerais das demonstrações contábil-financeiras, devem ser elencadas de forma transparente nas notas explicativas. Tais informações complementares são requeridas pelo CPC 30 (R1) e IAS 18. Observe-as a seguir:

- políticas contábeis adotadas para o reconhecimento de receitas, incluindo os métodos adotados para determinar o estágio de execução (*stage of completion*) de transações envolvendo a prestação de serviços;
- o montante de cada categoria de receita reconhecida durante o período, incluindo aquelas provenientes de venda de bens, prestação de serviços, *royalties* e dividendos;
- montante de receitas provenientes de troca de bens ou serviços incluídos em cada categoria significativa de receita;
- conciliação entre a receita divulgada na demonstração do resultado e a registrada para fins tributáveis.

### IFRS 15: novos delineamentos na contabilização das receitas

Algumas transações têm características particulares e, por isso, no contexto atual brasileiro, recebem as diretrizes de outros pronunciamentos específicos, ou seja, o CPC 30 (R1) não se aplica a todos os tipos de receitas, como os contratos de seguro e contratos de construção, por exemplo. Observe, na figura 10, os diferentes normativos que abordam a contabilização de receitas de acordo com a operação e o setor de atuação, nos moldes atuais do Comitê de Pronunciamentos Contábeis e do Iasb.

**Figura 10**
Panorama geral de normas sobre receitas

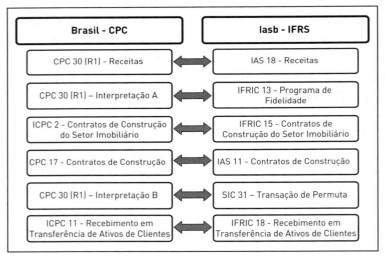

Repare que há uma vasta quantidade de normativos que tratam sobre o processo de reconhecimento, mensuração e evidenciação das receitas, dependendo do tipo de operação. Tal variedade de normas pode gerar certa confusão por parte dos produtores da informação contábil, pela falta de uma unidade de referência e, consequentemente, pode gerar falta de comparabilidade das práticas de reconhecimento entre diferentes setores e mercados.

Com vistas a sanar esse problema, foi criado um novo normativo com todos os critérios para contabilização das receitas, a chamada

## RECEITA DE VENDAS E DE SERVIÇOS

IFRS 15 – Receitas de Contratos com Clientes (*Revenue from Contracts with Customers*), a qual suprirá as demandas de todas as regras atuais vigentes para reconhecimento de receitas. A criação da referida norma foi fruto de uma parceria dos dois principais órgãos normatizadores mundiais, quais sejam: Comitê de Normas Internacionais de Contabilidade (Iasb) e Comitê de Normas de Contabilidade Financeira dos EUA (Fasb).

No contexto internacional, a IFRS 15 deverá ser exigida em 2018, mas com exercícios financeiros iniciados em janeiro de 2017. Já no Brasil, o Comitê de Pronunciamentos Contábeis emitiu esta norma no final de dezembro de 2016 mas com vigência a partir de 2018 e, embora a adoção antecipada seja permitida para as entidades que apresentam suas demonstrações financeiras de acordo com as IFRS, aqui no Brasil não tem sido comum a aceitação de tal antecipação.

A nova norma causará impacto não só na contabilidade financeira em si, a partir das demonstrações, mas também nos processos gerenciais e na forma de controlar as operações da organização. Isso porque deverá haver um cuidado maior na identificação da transação desde a ocorrência do fator gerador, bem como quanto à eficácia dos controles internos para garantir que a informação esteja representando fidedignamente a realidade das operações. Além disso, todo o *modus operandi* das práticas de mercado realizadas pela entidade deverão ser revisadas, incluindo todas as formalidades e obrigações relativas aos contratos.

Devido a essa mudança nos requisitos para atendimento ao novo normativo que causará impacto no âmbito do processamento interno das informações pelas empresas, deverá haver um elevado nível de julgamento não apenas na determinação das estimativas sobre o momento do reconhecimento, mas também no valor a ser atribuído às operações, que poderão levar a ajustes nas demonstrações financeiras e, consequentemente, a maior detalhamento e mais alto nível de exigência na divulgação das mesmas.

Alguns setores deverão ser atingidos, a depender do nível de complexidade das operações de cada entidade, com maior grau de impacto ao adotar os critérios exigidos na IFRS 15, tais como softwares, construção, terceirização, entre outros. Logo, deverá haver uma preparação especial pelos gestores das organizações para identificar qual a melhor forma de conduzir a implementação do novo normativo, tendo em vista que o impacto nas organizações não se dará de forma igualitária.

A implantação desses novos critérios para contabilização das receitas de contrato com clientes pode requerer que as organizações revejam suas transações nos seguintes aspectos:

1. Contratos com cláusulas de restrição – Em decorrência das possíveis mudanças no montante das receitas a serem reconhecidas, algumas cláusulas de obrigação estabelecidas em alguns contratos podem ter seu cumprimento ameaçado. Por exemplo, caso a estimativa das receitas diminua abaixo do limite preestabelecido no contrato, pode haver a exigibilidade de vencimento antecipado de algum título.
2. Avaliação de desempenho do setor comercial – Muitas empresas desenvolvem programas de bonificação para os funcionários da área de vendas, e a remuneração pode ser feita com base na performance das receitas geradas com as vendas. Ora, se a forma de reconhecimento das receitas oriundas das transações comerciais irá mudar, os planos e incentivos a tais funcionários devem ser reavaliados de modo que haja uma constante motivação e alinhamento aos objetivos organizacionais.
3. Seleção do regime de tributação – Qualquer mudança nos itens que são partes integrantes da demonstração de resultado, seja um elemento aumentativo de resultado como as receitas ou elementos diminutivos como as despesas, irá causar impacto nos tributos a serem recolhidos ao fisco.

Assim, em função da possível mudança no momento de reconhecimento e valores a serem atribuídos às receitas, haverá a necessidade de uma cautelosa análise de revisão sobre o melhor enquadramento do regime de tributação da entidade.

4. Análise fundamentalista – As alterações na contabilização das receitas irão refletir diretamente nos índices econômico-financeiros e nos indicadores de desempenho, afetando a análise realizada pelos investidores, fundamentada nas informações evidenciadas nas demonstrações financeiras. Devido a isso, a organização deverá delinear um efetivo processo de comunicação com todos os *stakeholders*, de modo que a informação seja transparente e compreensível acerca dos efeitos no resultado dos principais impactos relevantes.

Observe, leitor, que todas as mudanças trazidas pela IFRS 15 irão fazer com que as empresas substituam os procedimentos que porventura pudessem gerar incertezas quanto à realização da receita, gerando informação mais fidedigna para os usuários, tendo em vista que poderão ser verificados não apenas os valores e natureza das receitas, mas também o momento do fato gerador e os riscos envolvidos na operação.

A norma institui um modelo único para contabilização das receitas, independentemente do tipo de cliente e de transação, o qual é constituído por cinco etapas. O referido modelo objetiva evidenciar que deve ser feita uma análise criteriosa acerca do momento em que há o surgimento do contrato com o cliente e como tal contrato atende aos requisitos para reconhecimento da receita.

Então, logo que a norma entrar em vigor no Brasil, as empresas deverão adotar o modelo de cinco etapas para contabilizar suas receitas. Vale ressaltar que a preocupação estará voltada para o reconhecimento da receita ao longo do tempo, à medida que ela for sendo realizada, ou num momento único, quando houver a transferência completa do controle dos bens vendidos ou serviços prestados. Destaca-se ainda que o foco da receita reconhecida ao longo do tempo diz respeito à transparência sobre o desempenho da empresa em função da obrigação assumida de vender o bem ou prestar o serviço.

Com o objetivo de dar um tratamento mais sofisticado na identificação das transações que geram receita, dever-se-á reconhecê-la a partir do momento em que houver a transferência dos bens vendidos ou serviços prometidos, em um valor pelo qual o direito de recebimento da entidade seja equivalente. Observe na figura 11, o modelo de cinco etapas estabelecido pela IFRS 15.

**Figura 11**
Modelo para reconhecimento das receitas

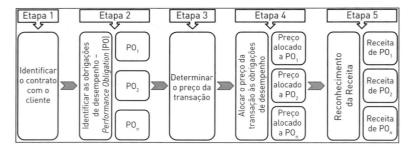

Na primeira etapa, a norma assegura que, inicialmente, um contrato deve ser identificado, o qual é definido como um acordo entre duas ou mais partes que cria direitos e obrigações exigíveis. O vendedor e o comprador podem acordar verbalmente, o que não é abordado nas práticas atuais vigentes no Brasil, ou celebrar um contrato escrito, podendo ainda conter algum elemento implícito.

Nessa etapa, o principal impacto se dará naqueles contratos em que há histórico de inadimplência pelos clientes, pois nos casos em que parte da contraprestação não seja provável, a receita não deve ser reconhecida pelo seu valor global, mas apenas na parcela provável de realização. Note que tal avaliação é decorrente da ação simultânea do pré-teste de imparidade e do reconhecimento da receita no momento inicial, ou seja, não devem ser reconhecidas como receita as perdas por redução ao valor recuperável, conforme disposta na norma CPC 01 (R1).

Na segunda etapa, pode-se verificar que a norma trata das obrigações de desempenho, que nada mais são do que promessas de entregar bens ou de prestar serviços aos clientes. Dessa forma, tais obrigações devem ser contabilizadas separadamente caso a promessa que irá gerar benefício para o cliente puder ser identificada de forma isolada de outras obrigações do contrato. Podemos citar como exemplo a venda de um bem com sua instalação embutida no contrato. Nesse caso há duas obrigações: uma pela venda do bem e outra pelo serviço de instalação.

A identificação das obrigações de desempenho de forma separada pode gerar um grande impacto para empresas que costumam agregar em uma única transação vários elementos que possuem objetos de promessa distintos. De outra forma, algumas empresas que segregam aquelas transações que possuem uma única obrigação de desempenho deverão agregá-la num único elemento para reconhecimento. Vejamos a seguir dois exemplos sobre o que acabamos de tratar.

### NA PRÁTICA DE MERCADO

Primeiramente, vamos imaginar uma empresa que comercializa softwares e sua posterior assistência de suporte. A entrega inicial é apenas do software e, posteriormente, é prestado o serviço de assessoria durante o período de uso. Ora, devemos refletir: as obrigações de desempenho decorrentes da venda do software e da assistência de suporte são identificáveis separadamente? Na verdade, o benefício gerado pelo software vendido ao cliente é dependente do suporte dado posteriormente pela empresa, ou seja, a assistência dada num momento posterior é essencial para o bom funcionamento do software; então, a contabilização se dá como uma obrigação de desempenho única.

> Vamos imaginar agora que uma empresa comercializa aparelhos condicionadores de ar e realizou a venda de um de seus produtos com o serviço embutido de instalação. O referido serviço prestado de instalação poderia ser realizado por outra empresa do mercado sem prejuízo algum do funcionamento do aparelho. Então, nesse caso, pode-se verificar que existem dois elementos diferentes que estão sendo adquiridos pelo cliente, sendo um pela venda do ar condicionado e outro pelo serviço de instalá-lo. Dessa forma, o tratamento contábil deveria considerar que há dois elementos identificáveis e, portanto, há duas obrigações de desempenho a serem contabilizadas separadamente.

Na terceira etapa, dever-se-á determinar o preço da transação, o qual é o montante da contraprestação que a empresa espera ter o direito de receber de um cliente em troca da transferência de bens ou serviços prometidos. Essa remuneração do contrato com o cliente deve refletir em seu preço os seguintes aspectos:

- valor da contraprestação fixa, variável ou ambos. No caso em que o preço da transação tiver elemento de contraprestação variável, a IFRS 15 elenca dois tipos de métodos para determiná-lo, quais sejam: método do valor esperado e método do valor mais provável;
- no caso de contraprestação variável em que haja algum fator limitante ou de restrição, deve-se considerar no preço de transação apenas aquele que seja altamente provável de realização;
- segregar qualquer elemento financeiro embutido na transação e estimar o valor que seria recebido caso o cliente optasse por pagar à vista pelo bem ou serviço prestado;
- no caso em que a contraprestação que a empresa receberá do cliente for bens ou serviços, os chamados itens não monetários, dever-se-á estimar o valor justo de tais itens e a contabilização se dará pelo controle desses bens ou serviços;
- devem ser observados os contratos em que haja alguma possibilidade de pagamento ao cliente, apesar de ter sido

RECEITA DE VENDAS E DE SERVIÇOS

realizada uma venda, como nos casos de cupons, reembolsos, descontos etc. Nesses casos, quando houver a transferência dos bens ou serviços prometidos aos clientes deverá ocorrer o reconhecimento da redução do preço da transação.

Após observarmos essas variáveis que podem afetar a determinação do preço de transação, vejamos a seguir como alguns desses elementos causariam impacto numa situação prática.

> **NA PRÁTICA DE MERCADO**
>
> Vamos observar como poderíamos aplicar o método do valor provável. Imagine um escritório de advocacia especializado em negociação, análise e risco de crédito, o qual foi contratado por determinado cliente para negociar suas dívidas que remontavam a um saldo de R$ 280.000,00. Os advogados, com base em seu *time sheet*, estipularam honorários de R$ 6.000,00. Depois do período da negociação, caso os advogados conseguissem reduzir a referida dívida em até 50% do montante, eles teriam o direito a receber honorários adicionais de R$ 15.000,00. Agora imagine que, com base nos serviços prestados em períodos anteriores, é altamente provável que haja sucesso na negociação dos advogados e que consigam reduzir no percentual esperado. Ao aplicar o método do valor provável, o preço da transação referente à contrapartida deveria ser de R$ 21.000,00.

Na quarta etapa, depois da identificação do preço da transação, deve-se alocar tal preço às obrigações de desempenho determinadas na segunda etapa. Note que se o contrato tiver apenas uma única obrigação de desempenho não há necessidade de executar os procedimentos de alocação desta quarta etapa, tendo em vista que o próprio preço identificado na etapa anterior seria exclusivamente da única obrigação.

Então, para alocação do preço às obrigações de desempenho deve-se levar em consideração a proporção do preço de venda de cada uma de forma independente. O referido preço de venda normalmente é observável no mercado, mas na impossibilidade de se verificar tal preço, deve-se fazer uma estimativa que seja fundamentada em evidências. Nesse caso, o preço de venda não sendo observável, a IFRS 15 sugere que a empresa utilize três métodos para estimá-lo, quais sejam:

- método de avaliação de mercado ajustada;
- método de custo esperado mais margem de lucro;
- método residual.

A norma permite ainda a adoção da combinação de tais métodos ou algum outro método que possa estimar o preço de maneira razoável, maximizando, na medida do possível, o uso de *inputs* observáveis, assim como prescreve o CPC 46 – Mensuração do Valor Justo.

Por fim, na quinta etapa, ocorre o desfecho do reconhecimento da receita. Assim, quando o controle do bem ou serviço é transferido ao cliente, por cumprimento da obrigação, a empresa pode reconhecer a receita.

A transferência do controle pode se dar num *momento único*, como nos casos de transferência de titularidade legal, posse física e riscos e benefícios. Além disso, também há transferência de controle nos casos que em que haja uma obrigação presente de pagar pelo ativo e o referido ativo tenha sido aceito pelo cliente.

No entanto, quando a transferência do controle ocorrer *ao longo do tempo*, a empresa deve selecionar algum método que identifique como a obrigação de desempenho será cumprida. A IFRS 15 elenca os seguintes critérios para transferência de controle ao longo do tempo:

1. os benefícios gerados pelo desempenho da empresa são consumidos pelo cliente no mesmo momento em que ele recebe e consome tais benefícios;
2. o desempenho da empresa gera ou aperfeiçoa um ativo que vai sendo controlado pelo cliente à medida em que tal ativo é gerado ou aperfeiçoado;

3. o terceiro critério é dividido em duas partes, a saber:
   a) o desempenho da entidade não cria um ativo com um uso alternativo para a entidade, exemplificado por um ativo que apenas o cliente possa utilizar;
   b) a entidade tem o direito executável da exigibilidade do pagamento pelo desempenho concluído até o momento, por exemplo, construir um ativo a pedido do cliente.

Assim, no contexto brasileiro, ao compararmos os atuais moldes para o reconhecimento de receita com os critérios trazidos pela IFRS 15, podemos verificar que vários setores poderão ser afetados em sua adoção, pois quando houver valores em que a contraprestação seja variável, poderá haver reconhecimento da receita de forma imediata ou diferida. Portanto, as empresas deverão se preparar antecipadamente para que quando a norma entrar em vigor no Brasil, não haja prejuízo em suas operações e na relação com seus *stakeholders*.

No próximo capítulo abordaremos investimentos em controladas, coligadas e operações em conjunto, sendo os conceitos precedentes explicitados nos últimos capítulos deste livro como fundamentais para compreensão dos efeitos patrimoniais e de resultado no que tange ao reconhecimento, mensuração e evidenciação dos investimentos societários.

# 4
# Investimento em coligada e controlada

Evidenciaremos agora quais os critérios que devem ser considerados no tratamento contábil dos investimentos, bem como quais os julgamentos necessários para classificação das investidas em coligadas, controladas e empreendimento controlado em conjunto. Vamos apresentar ainda como ocorre o processo de mensuração de tais investimentos no momento do reconhecimento, utilizando o método da equivalência patrimonial (MEP), e também na mensuração subsequente, a partir do teste de redução ao valor recuperável de ativos.

## Aspectos introdutórios

Com o aumento da competitividade e modernização dos mercados e o incremento no fluxo de capitais, as empresas se veem obrigadas a adotar estratégias que possibilitem reduzir seus custos, melhorar os processos internos, aumentar a produtividade e, consequentemente, otimizar os recursos para maximização dos lucros. Uma das estratégias utilizadas para ganhar vantagem competitiva é a ampliação das atividades organizacionais, levando as empresas a realizarem operações com outras entidades no intuito de constituir grupos empresariais. Elas se tornam unidas no aspecto econômico, mas permanecem independentes juridicamente.

Os aspectos relacionados à contabilização das operações em grupos econômicos estão distribuídos nas normas internacionais emitidas pelo International Accounting Standards Board (IASB) e nos pronunciamentos emitidos pelo Comitê de Pronunciamentos Contábeis (CPC). Observe, no quadro 3, os normativos relacionados a essa temática nos contextos brasileiro e internacional.

**Quadro 3**
Normas relativas à contabilidade de grupos empresariais

| Internacional (IFRS) | Brasil (CPC) |
|---|---|
| IAS 28 – Investments in Associates and Joint Ventures | CPC 18 – Investimentos em Coligada, Controlada e Empreendimento Controlado em Conjunto |
| IFRS 11 – Joint Arrangements | CPC 19 – Negócios em Conjunto |
| IFRS 3 – Business Combination | CPC 15 – Combinação de Negócios |
| IFRS 10 – Consolidated Financial Statements | CPC 36 – Demonstrações Consolidadas |
| IAS 27 – Consolidated and Separate Financial Statements | CPC 35 – Demonstrações Separadas |
| IFRS for Small and Medium Business | CPC para Pequenas e Médias Empresas |

Além das normas mencionadas no quadro 3, o Comitê de Pronunciamentos Contábeis emitiu uma interpretação, atualizada em 2014: a ICPC 09 (R2) – Demonstrações Contábeis Individuais, Demonstrações Separadas, Demonstrações Consolidadas e Aplicação do Método de Equivalência Patrimonial. O intuito foi esclarecer e orientar sobre questões pertinentes que não foram contempladas nas normas que tratam das operações de grupos empresariais, definindo procedimentos contábeis específicos para as demonstrações individuais das controladoras.

INVESTIMENTO EM COLIGADA E CONTROLADA

Há, caro leitor, uma vasta quantidade de normas que versam sobre o tratamento contábil das operações de grupos econômicos. Todavia, neste capítulo, daremos foco ao Pronunciamento Técnico 18, o qual possui correlação ao IAS 28, para tratarmos da contabilização dos investimentos em coligadas e controladas. Vale ressaltar que, apesar de estarmos tendo como base tais atos normativos, quando alguma operação não for objeto dessas normas precisaremos fazer conexões com outros pronunciamentos, elencados no quadro 3.

## Investimentos: instrumento financeiro e instrumento patrimonial

Primeiramente, considere usual que as empresas possuam interesses econômicos em outras organizações, seja por verificar que tais empresas são rentáveis, seja por uma questão estratégica de mercado e, por isso, decidem investir nestas empresas comprando algum instrumento financeiro ou instrumento patrimonial.

De acordo com a CPC 39, § 11, instrumento financeiro é "qualquer contrato que dê origem a um ativo financeiro para a entidade e a um passivo financeiro ou instrumento patrimonial para outra entidade". Já instrumento patrimonial é definido como "qualquer contrato que evidencie uma participação nos ativos de uma entidade após a dedução de todos os seus passivos", ou seja, participação no patrimônio líquido.

Aqui no Brasil, além do pronunciamento CPC 39, que trata dos instrumentos financeiros, temos também as CPCs 38 e 40, que tratam da mensuração e evidenciação, respectivamente, dos instrumentos financeiros. Conforme o pronunciamento CPC 38, no aspecto da mensuração, os ativos financeiros serão classificados nas quatro categorias a seguir apresentadas.

1. *Ativos financeiros mensurados pelo valor justo por meio do resultado.* São classificados como instrumentos mantidos para negociação, sendo adquiridos para fins de venda ou recompra no curtíssimo prazo, por exemplo, ações ou instrumentos de dívida. Podem também possuir a característica de derivativo, como opções, exceto aqueles que são adquiridos para fins de *hedge* designado (*hedge accounting*). A designação nessa categoria é feita na aquisição ou na origem do instrumento e o ativo será mensurado, como o próprio nome diz, pelo valor justo.
2. *Investimentos mantidos até o vencimento.* Neste tipo de investimento os ativos financeiros possuem pagamento previamente fixado ou determinável e maturidade definida. Para que os investimentos se enquadrem nessa categoria, a entidade deve possuir a intenção e a capacidade financeira de manter tais investimentos até seus respectivos vencimentos. Como exemplo, podemos citar os títulos de dívida e os certificados de depósitos bancários (CDBs). Nesse caso, o critério de mensuração será o custo amortizado.
3. *Empréstimos e contas a receber.* São ativos financeiros não derivativos com pagamento fixado ou determinável que não estão cotados em mercado ativo. Nessa categoria estão classificados os títulos decorrentes das atividades operacionais da empresa e que não possuem a característica de negociação em mercados organizados. Podemos citar, como exemplos, as duplicatas a receber, clientes, fornecedores, contas a pagar, empréstimos bancários etc. Esses instrumentos também são mensurados pelo custo amortizado, assim como os investimentos mantidos até o vencimento.
4. *Ativos financeiros disponíveis para venda.* Categoria intermediária entre as outras três supracitadas. Assim, a empresa não

assume o compromisso nem de negociar nem de manter o instrumento financeiro até seu vencimento, tendo a opção de fazer uma coisa ou outra. Seu critério de mensuração será o valor justo.

O instrumento classificado como disponível para venda, apesar de também ser mensurado pelo valor justo, receberá um tratamento contábil diferente daqueles designados na categoria de valor justo por meio de resultado. Isso porque, nos investimentos disponíveis para venda, como a empresa não tem certeza quanto à realização do instrumento, não seria razoável, por exemplo, reconhecer os custos de transação no resultado do exercício, pois tal realização poderia ocorrer em períodos subsequentes.

De outro modo, na categoria de valor justo por meio de resultado, como a intenção da empresa é a de negociar o instrumento financeiro num prazo muito curto, faz todo o sentido, por exemplo, reconhecer os custos de transação já no resultado do exercício corrente quando se espera realizar os efeitos do instrumento. Observe um caso a seguir, no qual um investimento é caracterizado como valor justo por meio de resultado.

### NA PRÁTICA DE MERCADO

Em janeiro de 20X1, uma determinada empresa realizou a compra de 1.000.000 de ações ao preço de R$ 20,00 por ação. Além disso, a empresa pagou de corretagens e emolumentos o valor de R$ 100.000,00. Imagine que a empresa possui a intenção de negociar essas ações num prazo muito curto e, por isso, tal investimento deveria ser classificado como valor justo por meio de resultado (VJMR). Então, no momento do reconhecimento inicial, a empresa deveria proceder ao seguinte lançamento contábil:

D – Ações (VJMR): R$ 20.000.000,00
D – Custos de transação (DRE): R$ 100.000,00
C – Banco: R$ 20.100.000,00

CONTABILIDADE DE RECEITAS, CONTINGÊNCIAS E GRUPOS EMPRESARIAIS

> Imagine agora que, em abril de 20X1, essas ações estivessem cotadas por R$ 25,00 cada uma. Como esse investimento é classificado como valor justo por meio de resultado, todos os ajustes no valor das ações devem ser reconhecidos diretamente no resultado do exercício (DRE). Considerando que a valorização foi de R$ 5,00 por ação e que a empresa possuía 1.000.000 ações, o tratamento contábil para que os montantes registrados destes instrumentos financeiros refletissem o valor correto das ações em abril de 20X1 seria o seguinte:
>
> D – Ações (VJMR): R$ 5.000.000,00
> C – Outras receitas: R$ 5.000.000,00
>
> Por fim, imagine que no mês seguinte, ou seja em maio de X1, as ações estivessem cotadas por R$ 26,00 cada uma e, por meio de análise de mercado, a empresa verificou que a tendência dos preços é que comecem a cair. Assim decidiu vender 600.000 ações. Portanto, considerando que a valorização destes investimentos no período foi de R$ 1,00, que a quantidade de ações era de 1.000.000 e que a baixa foi de apenas 600.000 ações, o tratamento contábil para essa operação seria o seguinte:
>
> D – Banco: R$ 15.600.000,00 (600.000 ações x R$ 26,00)
> C – Ações (VJMR): R$ 15.000.000,00 (600.000 ações x R$ 25,00)
> C – Outras receitas: R$ 600.000
>
> D – Ações (VJMR): R$ 400.000,00   Pela valorização das ações que não foram vendidas
> C – Outras receitas: R$ 400.000,00

Após apresentado um exemplo prático sobre o reconhecimento e mensuração de instrumentos financeiros, observe a seguir, na figura 12, o resumo das principais práticas adotadas na mensuração dos ativos financeiros, bem como as principais diferenças, conforme as normas vigentes que versam sobre os instrumentos financeiros.

Devido à complexidade das normas que tratavam de instrumentos financeiros e à crise financeira de 2008, que teve como pano de fundo problemas relacionados a informações não fidedignas de tais instrumentos, os normativos internacionais que abordavam esses itens começaram a ser questionados quanto à sua eficácia e efetividade. Assim, em 2014, o Iasb emitiu o IFRS 9 – Financial Instruments, revogando as IAS 32 e 39, com a finalidade de aprimo-

# INVESTIMENTO EM COLIGADA E CONTROLADA

**Figura 12**
Critérios de mensuração de ativos financeiros

rar os critérios de reconhecimento e mensuração dos instrumentos financeiros e acrescentar outros relacionados à evidenciação não abarcados na IFRS 7, que trata da divulgação de instrumentos financeiros.

Embora a IFRS 9 ainda não esteja vigente no Brasil neste ano de 2017 – mas em breve estará –, vamos abordar os critérios trazidos por esse normativo que alteram, sobremaneira, a forma de contabilização vigente. Segundo a nova norma internacional (IFRS 9), os ativos financeiros devem ser mensurados conforme as duas categorias em que estejam classificados, quais sejam:

- ativos financeiros ao custo amortizado;
- ativos financeiros ao valor justo, podendo ter ajustes feitos no resultado do período ou no patrimônio líquido.

No entanto, para selecionar em qual das duas categorias citadas o instrumento deve ser classificado, dever-se-á exercer julgamento e levar em consideração dois elementos, conforme figura 13.

**Figura 13**
Fatores para classificar os ativos financeiros

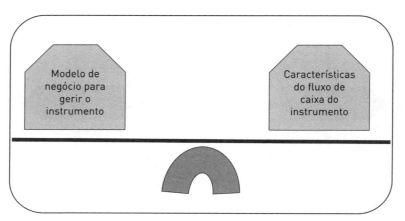

Com base nesses critérios, note, leitor, que deverá ser priorizada, na análise do instrumento financeiro, a essência econômica. No que se refere ao *método do custo amortizado*, o IFRS 9, § 4.2, afirma que um ativo financeiro será mensurado de tal forma, se atender às duas condições a seguir:

- for mantido com base no modelo de negócios que visa recolher os fluxos de caixa contratuais decorrentes do instrumento, caso em que a intenção deve ser a de manter os fluxos de caixa até o vencimento;
- o contrato do instrumento der direito, em datas específicas, a fluxos de caixa que são apenas pagamentos do montante, ou seja, principal e juros, por exemplo, duplicatas a receber de clientes, empréstimos e certificados de depósitos bancários.

Quanto ao *método do valor justo*, todos os ativos financeiros não mensurados pelo método do custo amortizado são mensurados por esse modelo, podendo a variação do valor justo ser reconhecida no resultado do período ou no patrimônio líquido.

No caso de instrumentos de dívida, temos duas possibilidades: enquadrar como custo amortizado, como visto anteriormente, ou reconhecer pelo valor justo por meio do patrimônio líquido (VJPL). Este último caso ocorre quando a empresa, além de colher os rendimentos decorrentes do ativo, obtém também benefícios econômicos pela venda do item, sendo que os montantes relacionados às mudanças no valor justo deverão ser reconhecidos nos resultados abrangentes e transferidos para o resultado do exercício apenas no momento de sua realização. Já no caso de instrumentos patrimoniais, a regra geral é que seja classificado pelo valor justo por meio do resultado (VJPR), a não ser que, na essência, o instrumento seja de longo prazo ou de prazo indefinido.

Nesse sentido, observe, caro leitor, que a administração deve exercer julgamento para classificar o instrumento financeiro adquirido, pois os critérios de reconhecimento e mensuração serão determinados com base na finalidade do instrumento, ou seja, o tratamento contábil dado ao instrumento financeiro, de acordo com a IFRS 9, será feito a partir de uma análise subjetiva, porém muito mais relevante para a tomada de decisão dos usuários. Vejamos um exemplo prático sobre a aplicação de tal normativo.

> **NA PRÁTICA DE MERCADO**
>
> Imagine que uma grande empresa de varejo realizou uma venda a prazo e o cliente optou por pagar em 10 parcelas. Considere que a empresa não tem a intenção de ficar esperando o cliente pagar cada parcela com o objetivo de recolher os fluxos de caixa contratuais decorrentes da operação. Por esse motivo, descontou as referidas duplicatas no banco, o qual cobrou encargos financeiros pela antecipação do prazo para recebimento do valor descontado. Como o modelo de negócio da empresa não é manter as duplicatas até o vencimento e não visa recolher os fluxos de caixa contratuais, ela deve mensurar seus recebíveis pelo valor justo, e quaisquer custos de transação devem ser alocados no resultado do período.

> De outro modo, imagine uma empresa prestadora de serviços de academia de ginástica e artes marciais na qual o cliente fechou um contrato para uso da academia durante um ano e optou por pagar a anuidade em quatro parcelas. Nesse caso, como a entidade pretende aguardar que o cliente pague todas as parcelas, ou seja, recolher os fluxos de caixa decorrentes do contrato e mantê-los até o vencimento, ela deve mensurar seus recebíveis pelo custo amortizado, no qual os rendimentos ou juros deverão ser calculados com base na taxa efetiva de juros e alocados no resultado no período correspondente.

Foi preciso abordar, de uma forma geral, quais investimentos devem ser tratados como instrumentos financeiros, para prosseguirmos com a diferenciação do tratamento contábil dos investimentos, ora contabilizados como instrumentos financeiros, ora como investimentos em coligadas e controladas. Desse modo, é importante frisar que não são foco deste capítulo os instrumentos financeiros, os quais são tratados em normativos próprios, aqui no Brasil, pelos CPCs 38 e 39, e no contexto internacional pelas IFRSs 7 e 9, bem como os instrumentos patrimoniais em que as investidas não são classificadas como coligadas, nem controladas, nem empreendimentos controlados em conjunto.

Conforme apresentado nos parágrafos precedentes, caso o investimento em ações de outras companhias seja classificado como investimento em controlada, coligada ou entidade controlada em conjunto, não será considerado um instrumento financeiro e não será contabilizado em conformidade com os IFRSs 7 e 9, mas será contabilizado conforme a IFRS 10 (controlada), IAS 28 (coligada) e IFRS 11 (entidade controlada em conjunto) – sendo que este último também não é objeto deste capítulo.

Observe a figura 14, que ajuda a perceber, de forma resumida, quando um investimento será tratado como instrumento financeiro ou como investimento em coligada, controlada ou empreendimento controlado em conjunto.

INVESTIMENTO EM COLIGADA E CONTROLADA

**Figura 14**
Árvore da decisão para fins de aplicação
dos pronunciamentos técnicos

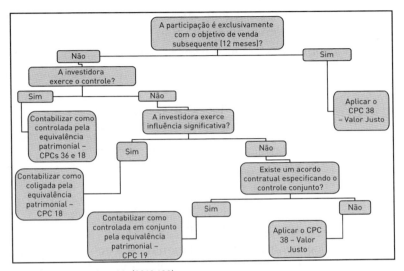

Fonte: adaptada de Almeida (2010:199).

Após termos abordado os instrumentos financeiros e ilustrado, na figura 14, os pré-requisitos decisórios sobre como diferenciá-los dos investimentos em controlada, coligadas e controladas em conjunto, foco deste capítulo, vamos prosseguir detalhando os investimentos em coligadas e controladas.

## Investimento em coligadas

Para fins contábeis, o que diferencia um investimento classificado como instrumento financeiro de outro chamado de instrumento patrimonial? Contabilmente, muda tudo: os critérios de reconhecimento, mensuração e evidenciação. Vamos, pois, mostrar quando os instrumentos patrimoniais serão considerados investimentos em coligada, controlada ou empreendimento controlado em conjunto.

Ao adquirir um instrumento patrimonial de outra empresa, a investidora irá classificá-lo como investimento em coligada quando exercer influência significativa sobre a investida. Existem duas maneiras de identificarmos se há existência de influência significativa, que podem ser vistas na figura 15.

**Figura 15**
Existência de influência significativa

A figura 15 demonstra que a investidora estará exercendo influência significativa quando ocorrer uma coisa e/ou outra. Vejamos:

1. quando a investidora detém pelo menos 20% do capital social votante, podendo participar nas deliberações das assembleias; e/ou
2. quando a investidora possui alguma relação direta ou indireta na condução e participação nas atividades organizacionais da investida. Isto ocorre, segundo a norma, quando a investi-

dora tem o poder de participar das decisões sobre políticas financeiras e operacionais de uma investida, porém não controla tais políticas.

Acerca do segundo ponto, observe, leitor, que embora o investidor realize operações vultosas com a investida, caracterizando a existência de certa dependência econômica, isso, por si só, não é determinante para definir se há influência significativa. Nesse sentido, o CPC 18 (R2), § 6, elenca algumas situações que evidenciam quando a investidora está exercendo influência sobre os negócios da investida, a saber:

(a) representação no conselho de administração ou na diretoria da investida;
(b) participação nos processos de elaboração de políticas, inclusive em decisões sobre dividendos e outras distribuições;
(c) operações materiais entre o investidor e a investida;
(d) intercâmbio de diretores ou gerentes;
(e) fornecimento de informação técnica essencial.

Além dos itens anteriormente mencionados, para determinar se há existência de influência significativa, a investidora deve levar em consideração a essência econômica das transações realizadas com a investida. Então, nos casos em que exista a possibilidade de a investidora aumentar ou adquirir poder de voto, como nos casos de bônus de subscrição, opção de compra ou por meio de uma debênture conversível em ação ordinária, ela deve exercer julgamento sobre a potencial participação nas deliberações das assembleias.

Note que, apesar de estarmos tratando da possibilidade de direito a voto, ao fazer análise pela essência econômica, o fato de a investidora ter a possibilidade de reduzir o poder de voto de outrem ou de aumentar o seu deverá ser refletido no seu julgamento sobre a existência, ou não, de influência significativa. Caso, no futuro, a investidora não concretize o direito de poder votar ou perca o poder de participar nas decisões políticas e financeiras da investida, haverá a perda da influência significativa e o respectivo direito deixará de ser contabilizado como investimento em coligada.

Por fim, durante o processo de julgamento para verificar se há existência de influência significativa, caso seja verificado que está havendo controle sobre a investida, ter-se-á de reconhecer a perda da influência e passar a tratar a investida como uma controlada.

## Investimento em controladas

Após abordarmos os investimentos em coligadas, trataremos dos investimentos em controladas, os quais apresentam particularidades conceituais, sendo, portanto, importante distinguir se as investidoras possuem investimentos em coligada ou controlada, ainda que o tratamento contábil de ambas, aqui no Brasil, seja pelo método de equivalência patrimonial, o qual veremos mais adiante, no próximo tópico. Isso porque, caso a investidora tenha uma controlada, além do CPC 18 (R2), ela deverá observar o CPC 15 (R1) – Combinação de Negócios e o CPC 36 (R3) – Demonstrações Consolidadas. Este último trata especificamente de relações de poder e controle.

A norma internacional que trata das coligadas, a IAS 28, não abrange investimentos em controlada, bem como não há exigência de divulgação das demonstrações individuais da controladora. No entanto, o Iasb exige que, caso a controladora esteja dispensada de apresentar as demonstrações consolidadas, os investimentos em suas demonstrações separadas sejam avaliados a valor justo ou pelo método do custo.

Já a norma brasileira, CPC 18 (R2), abrange tanto coligada como também controlada, e os dois tipos de investimento devem ser avaliados pelo método de equivalência patrimonial (MEP).

Até o ano de 2013, havia uma diferença significativa entre o tratamento contábil dos investimentos em controladas nos contextos brasileiro e internacional, pois a lei societária brasileira exigia que a controladora, em suas demonstrações individuais, avaliassem seus investimentos em controladas pelo MEP, enquanto que para o Iasb a controladora deveria avaliar ao custo ou valor justo.

No entanto, em 2014, a partir da atualização da IAS 27 – *Separate Financial Statements*, o Iasb passou a permitir o uso do MEP nas demonstrações separadas para as coligadas, controladas e empreendimento controlado em conjunto. Além disso, no mesmo ano, as sociedades anônimas tiveram o aval da CVM no que se refere à revisão da IAS 27, com a introdução da Deliberação nº 733/2014, alinhando, portanto, as práticas contábeis adotadas no Brasil com as IFRSs.

Desse modo, a primeira coisa a ser feita é analisar como se dá a relação da investidora com a investida, ou seja, deverá ser determinado se existe algum tipo de envolvimento hierárquico entre ambas. Nesse contexto, presume-se que há controle sobre a investida quando a investidora possui mais de 50% das ações ordinárias, ou seja, do capital social votante, preponderando nas deliberações das assembleias e detendo a maioria dos votos para decidir sobre políticas operacionais e financeiras da investida. Além disso, conforme o CPC 36 (R3), § 7, o controle também dar-se-á quando ocorrerem as três situações expostas na figura 16.

Com relação ao primeiro item apresentado na figura 16, *o poder da investidora decorre dos direitos adquiridos*, que podem ser obtidos de forma direta e única, como no caso de possuir a maioria das ações ordinárias, ou por meio de vários acordos contratuais. De forma simples, podemos dizer que poder é o direito de dirigir as atividades relevantes da investida, sendo estes classificados em dois tipos:

- direitos de proteção – o investidor objetiva proteger os interesses de seu detentor, ou seja, devem ser avaliados os direitos dos credores, por exemplo, e sua relação com outros direitos. Nesse tipo de direito, a investidora não tem capacidade de exercer controle;
- direitos substantivos – o investidor deve ter capacidade prática para exercer esses direitos no momento da tomada de decisão. Nesse tipo, há exercício de controle sobre a investida.

**Figura 16**
Atributos para exercer controle sobre a investida

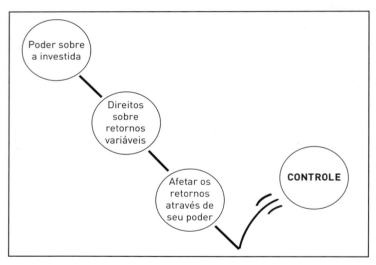

De outro modo, assim como na análise da influência significativa, ao fazer julgamento sobre haver controle sobre a investida, a investidora também deve considerar a essência econômica de seu envolvimento com a investida. Então, quando já existirem evidências de que a investidora está na iminência de exercer o controle, ela deve analisar se tal potencial de controlar as decisões já pode caracterizar o investimento como controlada. E mais, pode haver um investidor majoritário que não participa ativamente nas decisões e, apesar de sua passividade, ainda assim detém o poder.

No que se refere ao segundo fator da figura 16, em que a *investidora possui direitos sobre os retornos da investida*, podemos perceber que tais direitos decorrem de alguma transação realizada entre ambas, por exemplo, remuneração pela administração do patrimônio da investida ou direitos a recebimento de dividendos procedentes das ações adquiridas pela investidora. Outrossim, tais retornos podem ser derivados de uma combinação de funções operacionais entre as empresas, de modo que a investidora consiga, estrategicamente, reduzir seus custos de produção, otimizar os recursos e incrementar bens e serviços.

Por fim, o terceiro atributo da figura 16 diz respeito à *capacidade de a investidora utilizar seu poder sobre a investida para impactar o valor de seus retornos*. Nesse caso, a análise deve ser feita com base na teoria do agenciamento (*agency theory*), a qual trata da relação entre dois indivíduos na condução dos negócios empresariais.

De acordo com Hendriksen e Breda (2009), um desses dois indivíduos é agente do outro, sendo esse outro conhecido como principal. Assim, o agente compromete-se a realizar certas tarefas para o principal e o principal compromete-se a remunerar o agente. Seria basicamente a relação entre o gestor e o investidor de uma entidade.

E por que seria importante, para análise do controle, identificar quem é o principal e quem é o agente? Porque o agente atua, segundo a norma, em nome de outra parte, que seria o principal, e, portanto, não controla a investida quando exerce sua autoridade de tomada de decisões, pois outras partes poderiam se beneficiar de tais decisões. Então podemos inferir que o agente estaria exercendo o direito de proteção, enquanto o principal estaria exercendo direitos substantivos, ambos tratados anteriormente. Além disso, o CPC 36 (R3), § B71, assegura que quando o tomador de decisões detiver outras participações na investida, isso pode ser um indicativo que ele está exercendo o papel de principal.

No intuito de facilitar o entendimento na identificação do papel do agente e do principal, o CPC 36 (R3), § B60, elenca alguns fatores em que o tomador de decisões deve considerar a relação geral entre ele, a investida e as demais partes envolvidas com a investida, a saber:

(a) o alcance de sua autoridade de tomada de decisão sobre a investida;
(b) os direitos detidos por outras partes;
(c) a remuneração à qual tem direito de acordo com o contrato;
(d) a exposição do tomador de decisão à variabilidade de retornos de outras participações por ele detidas na investida.

Sobre esse ponto, vamos abordar, por meio de um caso prático, adaptado da norma, como se daria o processo de identificação da investidora no papel de agente ou de principal.

### Na prática de mercado

Vamos imaginar uma corretora de valores mobiliários que atua no mercado financeiro. A empresa criou um fundo de investimentos, o qual é regulado e negociado publicamente, de acordo com parâmetros bem definidos previstos no mandato de investimento, conforme exigido por leis e regulamentos locais. O fundo foi vendido aos investidores como um investimento em carteira diversificada de instrumentos patrimoniais de entidades negociadas publicamente. Dentro dos critérios definidos, o gestor do fundo tem autonomia para selecionar os ativos nos quais investir. Os investidores não detêm nenhum direito substantivo que afete a autoridade de tomada de decisões do gestor do fundo, mas podem resgatar suas participações dentro de limites específicos previamente fixados.

Além disso, o gestor do fundo recebe uma taxa baseada em mercado por seus serviços, a qual é compatível com os serviços prestados, e efetua também um investimento proporcional no fundo. A remuneração e o investimento do gestor o expõem à variabilidade de retornos decorrentes das atividades do fundo, sem criar exposição de importância tal que indique que o gestor do fundo é o principal. O fato de o gestor estar exposto à variabilidade de retornos do fundo, em conjunto com sua autoridade de tomada de decisão, indica que ele é o agente. Assim, conclui-se que o gestor não controla o fundo.

Após a apresentação sobre os critérios de identificação de investimentos em coligadas e controladas, vamos a seguir abordar como tais investimentos devem ser mensurados.

## Método de avaliação: equivalência patrimonial

Após a identificação da classificação dos investimentos, conforme a árvore de decisão já apresentada para aplicação dos pronunciamentos ilustrada na figura 14, dever-se-á observar se as investidas são empresas coligadas ou controladas para correta classificação e, assim, mensurar tais investimentos pelo MEP. Note, caro leitor, que como dito anteriormente, não será foco deste capítulo nem o tratamento contábil específico para empreendimentos controlados em conjunto, conforme o CPC 18 (R2), nem para sociedades que estejam sob controle comum, conforme art. 248 da Lei nº 6.404/1976, ainda que estes também sejam avaliados pelo método de equivalência patrimonial.

É interessante notar essa diferença entre os normativos do Comitê de Pronunciamentos Contábeis e da Lei das S/A quando da aplicação do MEP. No primeiro caso, a exigência para aplicação, além das coligadas e controladas, se dá também para o empreendimento controlado em conjunto, enquanto que a Lei das S/A, em seu art. 265, aborda as sociedades que estão sob controle comum, o que pode ser diferente do controle compartilhado. O CPC 19 (R2) – Negócios Conjuntos, § 7, preconiza que o controle conjunto ocorre quando há um compartilhamento, previsto em contrato, do controle da investida, dependendo da decisão de um grupo de investidores. Nenhum investidor controla isoladamente a investida como no caso do controle comum, em que existe uma única sociedade de comando.

Observe, na figura 17, um resumo que demonstra quando se deve aplicar o MEP nas investidas.

## Figura 17
Investimentos sujeitos ao método de equivalência patrimonial

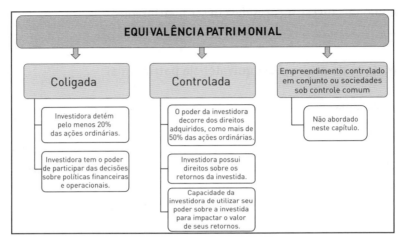

De acordo com o CPC 18 (R2), § 10, a contabilização dos investimentos em coligadas e controladas pela equivalência patrimonial ocorre no reconhecimento inicial pelo seu custo que, em momentos subsequentes, será ajustado para refletir a alteração pós-aquisição na participação do investidor sobre os ativos líquidos da investida, ou seja, sobre o patrimônio líquido da investida. Observe a figura 18.

Dessa forma, ao adquirir uma participação nos ativos líquidos de uma investida, a investidora deverá mensurar o valor justo desta participação. Então, em suas demonstrações contábeis, o saldo contábil do investimento inicialmente mensurado pelo custo será ajustado pela participação nos resultados obtidos pela investida, bem como por alterações que possam vir a ocorrer na sua participação relativa, tais como compra adicional de ações.

Note, leitor, que antes mesmo de falarmos sobre os ajustes no valor contábil do investimento, precisamos enfatizar que, no reconhecimento inicial, o investimento será mensurado pelo seu *custo* de aquisição. E o que seria esse custo inicial do investimento?

**Figura 18**
Reconhecimento inicial dos investimentos avaliados pelo método de equivalência patrimonial

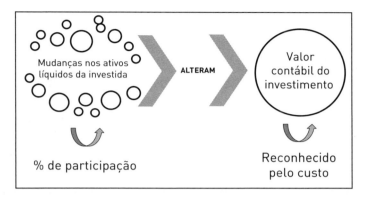

Primeiramente, devemos ter em mente que esse custo nada mais é do que o desembolso realizado pela investidora que lhe possa conferir controle sobre a investida ou influência significativa, ou seja, o valor pago no momento inicial para adquirir o investimento. Existem duas formas de compor o custo do investimento no reconhecimento inicial, a primeira delas pode ser vista na figura 19, em que o *valor pago é maior que o valor justo*.

De acordo com a figura 19, podemos observar que o valor pago poderá ser maior do que a mensuração realizada no patrimônio líquido da investida, ou seja, poderá conter elemento de ágio por expectativa de rentabilidade futura. Esse ágio é conhecido contabilmente como *goodwill*, representando um valor excedente atribuído ao negócio sobre o valor justo dos ativos líquidos, e sua amortização não é permitida.

De modo contrário, a diferença do valor pago pela participação no capital social da sociedade investida pode ser derivada de um ganho por compra vantajosa, ou seja, a investidora poderá pagar um valor menor do que a mensuração a valor justo do investimen-

**Figura 19**
Custo inicial maior que o valor justo dos
ativos líquidos da investida

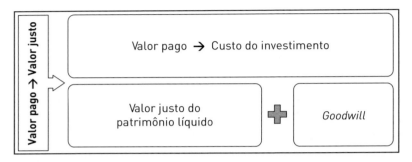

to, obtendo assim uma vantagem na sua compra. A esse respeito, vamos observar a figura 20, em que o *valor pago é menor que o valor justo* do investimento.

**Figura 20**
Custo inicial menor que o valor justo dos
ativos líquidos da investida

Vale ressaltar que, no momento inicial, ambas – investidora e investida – devem adotar práticas contábeis similares, inclusive quanto ao período de reporte, de modo que o patrimônio de uma seja refletido fidedignamente no da outra, ou seja, o CPC 18 (R2),

§ 27, assegura que os ajustes no saldo contábil do investimento, decorrentes da aplicação do método da equivalência patrimonial, devem ser aqueles reconhecidos nas demonstrações contábeis da investida *após* a realização dos ajustes necessários para uniformizar as práticas contábeis.

No momento desta uniformização, caso a investida não adote as mesmas práticas da investidora, a norma recomenda que a investida elabore uma nova demonstração contábil-financeira com os ajustes necessários. Quando isso não for possível, a norma permite um período de defasagem entre a data base das demonstrações da investida e a data base das demonstrações da investidora. Cabe destacar que a norma internacional IAS 28 permite uma defasagem máxima de até 90 dias, enquanto o CPC 18 (R2) só consente 60 dias, pois quando as normas internacionais foram inseridas no Brasil, a Comissão de Valores Mobiliários (CVM) já normatizava esta questão e o Comitê de Pronunciamentos Contábeis decidiu manter o prazo já usual no país.

Perceba, caro leitor, que podem ocorrer diferenças no momento inicial entre o valor justo do investimento e o valor desembolsado. Vamos analisar um exemplo prático.

### NA PRÁTICA DE MERCADO

Vamos imaginar que uma empresa X decide investir numa empresa Y e adquire 30% do capital social votante da investida, realizando um desembolso no valor de R$ 400.000,00. Foi realizada mensuração e encontrado o valor justo relativo aos ativos líquidos da investida neste percentual de 30% de participação, montando o valor de R$ 320.000,00. Ora, se o investimento a valor justo corresponde a R$ 320.000,00, mas a investidora pagou por R$ 400.000,00, pode-se perceber que houve um excesso de valor desembolsado e o tratamento contábil se daria da seguinte forma:

D – Investimento em coligada:   R$ 320.000,00
D – *Goodwill*: R$ 80.000,00
C – Banco: R$ 400.000,00

> Imagine agora que, de outra forma, a empresa decidiu investir em outra companhia e desembolsou os mesmos R$ 400.000,00. Foi realizada mensuração e encontrado o valor justo relativo aos ativos líquidos da investida no percentual de 30% de participação, montando o valor de R$ 450.000,00. Ora, se o investimento vale R$ 450.000,00 e houve um pagamento de apenas R$ 400.000,00 pode-se perceber que houve um ganho de compra vantajosa. Desta forma, o lançamento contábil seria o seguinte:
>
> D – Investimento em coligada: R$ 450.000,00
> C – Ganho de compra vantajosa (DRE): R$ 50.000,00
> C – Banco: R$ 400.000,00

No momento inicial, após haver o reconhecimento do investimento pelo custo, devemos atentar para as alterações ocorridas subsequentemente no patrimônio da empresa investida, sendo esta uma coligada e/ou controlada. Então, pelo MEP, no resultado da investidora estará incluída sua participação nos lucros ou prejuízos da investida, mas quando as distribuições relativas a dividendos forem recebidas da investida, o valor contábil do investimento registrado na investidora deverá ser reduzido proporcionalmente.

Cabe ressaltar que são parte integrante do patrimônio líquido da investida, e que devem ser levados em consideração, os direitos a recebimento de dividendos relativos a ações preferenciais que estão em poder de outras partes que não a do investidor. Esse fato influencia na contabilização pelo investidor, visto que sua participação nos resultados do período da investida só deverá ser contabilizada após a dedução dos dividendos pertinentes a essas ações, ainda que não tenham sido declarados.

Nesse sentido, constarão nos outros resultados abrangentes da investidora, de forma reflexa, as variações que ocorrerem nos outros resultados abrangentes da investida proporcionalmente à sua participação, por exemplo, aquelas decorrentes da reavaliação de ativos imobilizados, se assim for permitido por lei.

Vale salientar que caso haja alguma mudança na participação societária da investida, mas essa empresa continue sendo uma coligada ou controlada, os referidos resultados abrangentes previamente reconhecidos deverão ser reclassificados para a demonstração do resultado do exercício, como receita ou despesa, na mesma proporção da receita ou despesa que esteja relacionada com a mudança na participação societária.

Então, como vimos anteriormente, diferentemente do método do custo, em que o saldo contábil do investimento não sofre impacto decorrente das oscilações do patrimônio líquido das investidas, pelo método de equivalência o saldo contábil do investimento deverá refletir as mudanças ocorridas no patrimônio líquido da coligada ou controlada. Assim, pelo MEP, o investimento que foi reconhecido no momento inicial pelo custo será ajustado pela participação nos resultados obtidos pela investida de forma prospectiva, bem como por alterações que possam vir a ocorrer na sua participação relativa. A contrapartida desses ajustes no saldo de investimento se dará pelo resultado da investidora por meio de receitas ou despesas de equivalência patrimonial.

Sobre este quesito de reconhecimento por equivalência via resultado da investidora, a Lei nº 6.404/1976, em seu art. 248, II e III, normatiza a questão, como se segue:

II – *o valor do investimento será determinado mediante a aplicação, sobre o valor de patrimônio líquido* referido no número anterior, da porcentagem de participação no capital da coligada ou controlada;
III – a diferença entre o valor do investimento, de acordo com o número II, e o custo de aquisição corrigido monetariamente; *somente será registrada como resultado* do exercício:
a) se decorrer de lucro ou prejuízo apurado na coligada ou controlada;
b) se corresponder, comprovadamente, a ganhos ou perdas efetivos;
c) no caso de companhia aberta, com observância das normas expedidas pela Comissão de Valores Mobiliários [grifos nossos].

A Lei nº 6.404/1976 é bastante restritiva quanto aos critérios que podem impactar o resultado da investidora via equivalência patrimonial. Note que o inciso III aborda três critérios para reconhecimento no resultado do exercício. Vamos tratar detalhadamente os dois primeiros, tendo em vista que o terceiro critério diz respeito a normas específicas reguladas pela CVM, e não se enquadra aqui neste capítulo.

No primeiro critério, quando a investida apresenta lucro ou prejuízo, seu patrimônio líquido é impactado na mesma proporção, de modo que deverá refletir, por equivalência, no saldo do investimento por parte da investidora na proporção percentual de sua participação na investida. Além disso, a distribuição de dividendos por parte da investida ocasiona uma diminuição em seu patrimônio líquido pela contrapartida de um passivo constituído e, consequentemente, terá de diminuir o saldo contábil do investimento por parte da investidora como contrapartida ao direito de recebimento dos dividendos.

Já no segundo critério, a lei aborda as alterações que impactam o patrimônio líquido e que não decorrem das reservas de lucro. Nesse caso, os ganhos e perdas efetivas seriam decorrentes das reservas de capital, em que a empresa pode se capitalizar aumentando seu patrimônio líquido via emissão de bônus de subscrição e partes beneficiárias. Além desses itens, quando existe um ágio na emissão de ações, ou seja, o preço de venda é maior do que o valor nominal, ocorre uma segregação dentro do patrimônio líquido – o valor nominal estará contido no capital social e o ágio constará na reserva de capital. Assim, as mudanças ocorridas nas reservas de capital estão enquadradas como ganhos ou perdas efetivas no patrimônio líquido.

Quando houver alguma mudança no patrimônio líquido da investida e tal mudança não decorrer dos três critérios acima descritos pela Lei das S/A, as alterações não poderão ser reconhecidas no resultado da investidora. Mas você pode estar se perguntando como a

## INVESTIMENTO EM COLIGADA E CONTROLADA

investidora reconheceria esses ajustes por equivalência. Pois bem, o reconhecimento se daria de forma reflexa, aumentando ou diminuindo a própria conta de resultados abrangentes no patrimônio líquido da investidora proporcionalmente ao seu percentual de participação. É o caso dos ajustes decorrentes de valor justo dos instrumentos financeiros classificados como disponíveis para venda. Como vimos no início do capítulo, tais ajustes não transitam no resultado do exercício porque ainda não há expectativa de realização e, por isso, devem ser reconhecidos em ajustes de avaliação patrimonial nos resultados abrangentes. Note que esses ajustes não se enquadram nos critérios do art. 248 da Lei nº 6.404/1976, ou seja, não se trata de um lucro ou prejuízo da investida e nem de um ganho ou perda efetiva. Vejamos, a seguir, um exemplo da aplicação do MEP.

### NA PRÁTICA DE MERCADO

Vamos imaginar que uma investidora compre 25% do capital social votante da investida por R$ 50.000,00, obtendo assim uma influência significativa. No momento do reconhecimento inicial, o valor justo dos ativos líquidos identificáveis da investida montava o valor R$ 150.000,00, e o valor contábil dos mesmos na data da aquisição foi determinado em R$ 120.000,00. Note que há uma diferença de R$ 30.000 entre o valor contábil e o valor justo, dos quais 70% dizem respeito a um imóvel e os demais 30% advêm dos estoques, os quais foram totalmente realizados até o final do exercício. Além disso, a investida apresentou um resultado no período no valor de R$ 70.000,00 e o dividendo declarado para distribuição foi de R$ 15.000,00.

| Valores relacionados à investida | (R$) |
|---|---|
| Valor justo dos ativos líquidos | 150.000,00 |
| Valor contábil | 120.000,00 |
| Goodwill = valor justo - valor contábil | 30.000,00 |
| Estoques = 30% de 30.000,00 | 9.000,00 |
| Imóvel = 70% de 30.000,00 | 21.000,00 |
| **Valores relacionados ao investimento** | |
| Custo do investimento | 50.000,00 |
| Valor contábil = 25% de 120.000,00 | 30.000,00 |
| Mais-valia ativos líquidos = 25% de 30.000,00 | 7.500,00 |
| Subtotal = valor contábil + mais-valia | 37.500,00 |
| Goodwill = Custo - (valor contábil + mais-valia) | 12.500,00 |

> Com base nessas informações, os seguintes lançamentos contábeis devem ser realizados:

| | | |
|---|---|---|
| D – Investimentos – coligadas | R$ 17.500,00 | Pelo reconhecimento dos lucros da investida |
| C – Receita de equivalência patrimonial | R$ 17.500,00 | = 25% de 70.000,00 |
| D – Receita de equivalência patrimonial | R$ 2.250,00 | Pela realização da mais-valia dos estoques |
| C – Investimentos – coligadas | R$ 2.250,00 | = 25% de 9.000,00 |
| D – Dividendos a receber | R$ 3.750,00 | Pelo reconhecimento dos dividendos |
| C – Investimentos – coligadas | R$ 3.750,00 | = 25% de 15.000,00 |

> Assim, o saldo inicial do investimento é composto pelo valor contábil e pela mais-valia atribuída aos estoques, somando R$ 37.500,00, e também pelo *goodwill* de R$ 12.500,00, totalizando R$ 50.000,00. Após a movimentação ocorrida no período, decorrente do aumento do investimento pelo reconhecimento do lucro na investida (R$ 17.500, 00) a diminuição do investimento pela realização da mais-valia dos estoques (R$ 2.250,00) e pelo reconhecimento dos dividendos declarados (R$ 3.750,00), o saldo final do investimento totalizou R$ 61.500,00. Com base nisso, observe o razonete da conta de investimentos em coligada com a demonstração da movimentação e composição do saldo:

| | Investimentos – Coligada | | |
|---|---|---|---|
| Saldo inicial | R$ 37.500,00 | R$ 2.250,00 | (2) |
| | R$ 12.500,00 | R$ 3.750,00 | (3) |
| (1) | R$ 17.500,00 | | |
| | R$ 67.500,00 | R$ 6.000,00 | |
| Saldo final | R$ 61.500,00 | | |

É importante destacar que existem exceções para o uso do método de equivalência patrimonial e que algumas empresas estão dispensadas de aplicá-lo. Note, leitor, que a aplicação do MEP não é uma questão de escolha ou julgamento da administração, mas sim uma exigência do CPC 18 (R2) e da Lei nº 6.404/1976 em seu art. 248.

As empresas não precisam aplicar o MEP quando atenderem aos requisitos preconizados pelo CPC 36 (R3) – Demonstrações Consolidadas, o qual detalha quais as situações em que coligadas, controladas e empreendimento controlado em conjunto estariam dispensados de apresentar demonstrações consolidadas.

Cabe destacar que empresas mantidas por organizações de capital de risco, como *venture capital*, *private equity* ou fundo de investimento, por exemplo, também não devem aplicar a equivalência patrimonial; devem, sim, aplicar o método de valor justo. Isso porque o objetivo de um fundo de investimento, por exemplo, é o ganho de capital decorrente da valorização das ações e o recebimento de dividendos. Outra situação para dispensa do uso do MEP ocorre quando a investida é controlada por uma entidade que não faz objeção quanto à não aplicação do método. Tal decisão da investidora deve ser tomada em conjunto pelos acionistas ou sócios, incluindo aqueles sem direito a voto.

Uma possibilidade para não aplicabilidade da equivalência patrimonial seria também o caso de um ativo classificado como mantido para venda, conforme IFRS 5 ou CPC 31, para o qual a norma exige, por exemplo, que haja evidência de que a empresa pretende vendê-lo no curto prazo. Nesse caso, o MEP não deve ser aplicado porque os referidos normativos possuem regras de mensuração muito específicas e que se diferenciam daquelas preconizadas na equivalência patrimonial. Por fim, a entidade deve deixar de aplicar o MEP no momento em que a empresa investida não mais se enquadrar nos critérios que as qualifiquem como coligada, controlada ou como empreendimento controlado em conjunto.

### Perdas por redução ao valor recuperável

No final de cada período de divulgação, a entidade avalia a existência de evidências objetivas quanto ao valor recuperável dos investimentos em coligadas e controladas. Caso haja algum indício de não recuperabilidade, parcial ou integral, de tais investimentos, a entidade reconhece imediatamente uma redução no valor recuperável no resultado do exercício pelo montante que não se espera realizar.

Assim, de acordo com CPC 01 (R1) – Redução ao Valor Recuperável de Ativos, o referido teste consiste em comparar o valor contábil líquido com o maior valor esperado de recuperação do investimento quando de sua provável realização. Caso o valor contábil líquido venha a estar maior do que o valor recuperável, a entidade deve reconhecer a perda no resultado do período, de modo que o valor registrado na contabilidade esteja compatível com o valor recuperável. De modo contrário, caso o valor contábil esteja menor ou igual ao valor recuperável, a entidade não deve efetuar nenhum tipo de contabilização, tendo em vista que reavaliação de ativos está proibida no Brasil. Na figura 21, pode-se verificar como o teste de recuperabilidade é realizado.

**Figura 21**
Teste de imparidade nos ativos

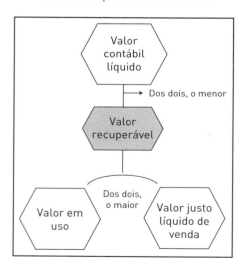

Se, no exercício subsequente, a perda no valor recuperável diminuir, e tal redução tiver alguma relação, definida por um critério objetivo, com um evento que ocorreu após o reconhecimento dessa perda, a entidade poderá reverter a perda reconhecida anteriormente, seja diretamente ou pelo ajuste de conta de provisão, limitado ao valor da perda reconhecida no período precedente.

A reversão não resulta em valor contábil do ativo (líquido de qualquer conta de provisão) que exceda o valor contábil que seria contabilizado caso a perda no valor recuperável não tivesse sido reconhecida. A entidade reconhece imediatamente o valor da reversão no resultado.

Neste capítulo, analisamos quais os critérios adotados para contabilizar os investimentos e quais os julgamentos necessários para classificar as investidas em coligadas ou controladas. Evidenciamos também como se dá a avaliação de tais investimentos no momento do reconhecimento e na mensuração subsequente.

O próximo capítulo versa sobre a consolidação das demonstrações contábil-financeiras. Assim, as bases conceitual e técnica abordadas nos capítulos precedentes serão utilizadas como fundamento para o levantamento das demonstrações consolidadas de determinado grupo empresarial.

# 5
# Demonstrações consolidadas

No capítulo anterior, apresentamos os investimentos em coligadas e controladas, abordamos os instrumentos financeiros como forma de diferenciação em relação aos investimentos patrimoniais e abordamos o método de equivalência patrimonial para mensurar tais investimentos. Neste capítulo, trataremos dos aspectos relacionados à elaboração de demonstrações consolidadas para as companhias que possuem investimentos em controladas, em que os valores são reconhecidos na consolidação de forma proporcional ou integral no que diz respeito às transações entre empresas consideradas como partes de um mesmo grupo econômico.

## Aspectos introdutórios

As demonstrações consolidadas são tratadas pelo pronunciamento contábil CPC 36 (R3), atualmente em sua terceira revisão representada pela sigla R3, e que possui correlação com a norma internacional IFRS 10, devidamente endossado pelos órgãos reguladores prospectivamente à sua primeira versão em 2009.

O principal objetivo do pronunciamento é definir princípios para as entidades controladoras elaborarem e apresentarem demonstrações consolidadas, baseados no pressuposto da existência de controle sobre uma ou mais entidades, esclarecer a definição de controle e estabelecer exceções à regra de consolidação, quando aplicáveis.

Primeiramente, caro leitor, abordaremos o conceito de consolidação em sua primazia, no que tange ao real significado da palavra, como sendo a junção dos registros contábeis de entidades juridicamente distintas, evidenciados em apenas um demonstrativo, como se fosse uma única empresa. De forma análoga, poderíamos comparar com uma declaração de imposto de renda conjunta, relativa a todos os membros de uma família, unificando as declarações de cada indivíduo, incluindo os rendimentos, dependentes e despesas comuns.

No capítulo anterior, abordamos os investimentos realizados em outras entidades, especificamente em controladas e coligadas, e como os resultados financeiros e econômicos dessas investidas deveriam ser evidenciados nas demonstrações contábeis individuais da investidora. Pois bem, além do reconhecimento desses resultados em seu demonstrativo contábil individual por meio do MEP, o CPC 36 (R3), § 2, exige que as controladoras também apresentem de forma conjunta a posição patrimonial e econômica do grupo como se fosse uma única entidade, sob a denominação demonstrações consolidadas.

Assim, é importante frisar que este capítulo se aplica apenas a "investimentos em controladas", abordados em detalhes em seção com esse título no capítulo anterior. Portanto, estão fora do âmbito da norma CPC 36 (R3) os investimentos em instrumentos financeiros, coligadas, controladas em conjunto e combinação de negócios, os quais possuem requisitos contábeis abordados em pronunciamentos específicos.

Acerca da obrigatoriedade de elaborar demonstrações consolidadas, o art. 249 da Lei nº 6.404/1976 estabelece:

# DEMONSTRAÇÕES CONSOLIDADAS

Art. 249. A companhia aberta que tiver mais de 30% (trinta por cento) do valor do seu patrimônio líquido representado por investimentos em sociedades controladas deverá elaborar e divulgar, juntamente com suas demonstrações financeiras, demonstrações consolidadas nos termos do artigo 250.

Parágrafo único. A Comissão de Valores Mobiliários poderá expedir normas sobre as sociedades cujas demonstrações devam ser abrangidas na consolidação, e:

a) determinar a inclusão de sociedades que, embora não controladas, sejam financeira ou administrativamente dependentes da companhia;

b) autorizar, em casos especiais, a exclusão de uma ou mais sociedades controladas.

Note, leitor, que ao analisarmos inicialmente o referido artigo da Lei das S/A, o critério para exigência de elaboração das demonstrações consolidadas, pelas controladoras, estaria condicionado pela relação entre o total dos investimentos em controladas e o patrimônio líquido da controladora, em pelo menos 30%. No entanto, observando com cautela, o parágrafo único do art. 249 concede poderes à CVM, permitindo que ela tenha liberdade de estabelecer critérios para elaboração de demonstrações consolidadas.

A CVM, em sua Instrução Normativa nº 247/1996, § 21, regulamenta que qualquer companhia aberta que possuir investimento em sociedades controladas deve elaborar demonstrações consolidadas, não impondo restrições, portanto, quanto ao valor do investimento em relação ao patrimônio líquido da controladora. Da mesma forma, o CPC 36 (R3), § 2a, também normatiza que existindo uma relação de controle, a consolidação deve ser realizada, representando um grande benefício para usuários interessados. O segundo caso de obrigatoriedade para elaboração de demonstrações consolidadas diz respeito aos grupos econômicos, que serão tratados em tópico específico mais adiante neste capítulo.

Apesar do pressuposto básico de que toda entidade considerada controladora deveria apresentar demonstrações consolidadas, a norma prevê que quando da existência de certas condições, a respectiva controladora estará excepcionalmente isenta de tal obrigação, sendo essas condições apresentadas na figura 22, conforme determinado § 4a do CPC 36 (R3).

**Figura 22**
Condições para não apresentação de demonstrações consolidadas

| A controladora é ela própria uma controlada integral ou parcial de outra entidade, a qual, em conjunto com os demais proprietários, incluindo aqueles sem direito a voto, foram consultados e não fizeram objeção quanto à não apresentação das demonstrações consolidadas pela controladora. | Seus instrumentos de dívida ou patrimoniais não são negociados publicamente (bolsa de valores nacional ou estrangeira ou mercado de balcão, incluindo mercados locais e regionais). |
|---|---|
| **Condições necessárias para não apresentação de demonstrações consolidadas por uma entidade que seja considerada controladora.** ||
| Ela não tiver arquivado nem estiver em processo de arquivamento de suas demonstrações contábeis junto à Comissão de Valores Mobiliários ou outro órgão regulador, visando à distribuição pública de qualquer tipo ou classe de instrumento no mercado de capitais. | A controladora final, ou qualquer controladora intermediária da controladora, disponibiliza ao público suas demonstrações em conformidade com os pronunciamentos do CPC, em que as controladas são consolidadas ou são mensuradas ao valor justo por meio do resultado, de acordo com esses pronunciamentos. |

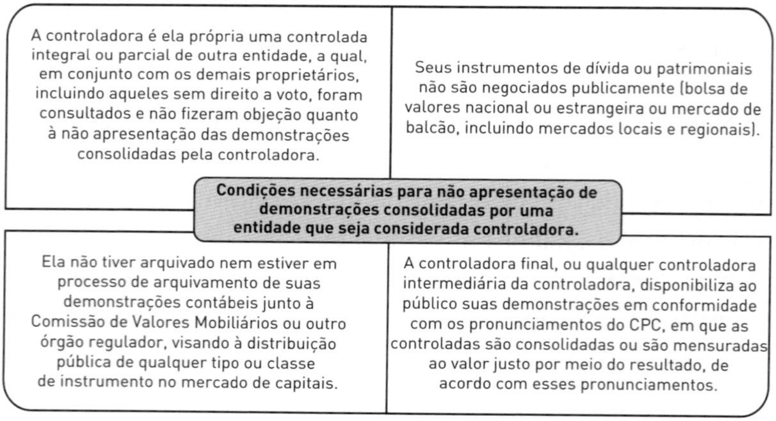

Adicionalmente, caso a controladora seja considerada uma entidade de investimento, está dispensada de apresentar demonstrações consolidadas, conforme previsto pelo Pronunciamento Técnico CPC 36 (R3), § 4B. Os investimentos desse tipo de negócio devem ser mensurados e avaliados com base no valor justo. Mas o que é uma entidade para investimento? Pois bem, leitor, observe a figura 23, que resume os três elementos necessários para que uma entidade seja considerada de investimento, conforme o § 27 do CPC 36. Vejamos.

### Figura 23
Características de uma entidade para investimento

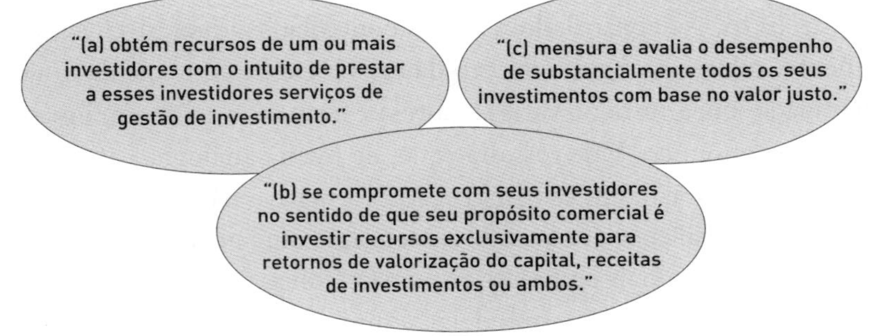

"(a) obtém recursos de um ou mais investidores com o intuito de prestar a esses investidores serviços de gestão de investimento."

"(c) mensura e avalia o desempenho de substancialmente todos os seus investimentos com base no valor justo."

"(b) se compromete com seus investidores no sentido de que seu propósito comercial é investir recursos exclusivamente para retornos de valorização do capital, receitas de investimentos ou ambos."

Além dos elementos elencados na figura 23, o CPC 36 (R3), § 28, assegura que a entidade de investimento se caracteriza por possuir mais de um investimento ou participações societárias na forma de participação patrimonial, assim como usualmente possui mais de um investidor, os quais não necessariamente são partes relacionadas à entidade.

Tais entidades possuem o propósito comercial de investir para valorizar o capital e obter renda por meio de receitas de investimento, tais como dividendos e juros. Observe, leitor, que tal objetivo é distinto das entidades investidoras que visam auferir retorno por meio do resultado econômico-financeiro gerado pelas atividades operacionais da investida, ficando, portanto, inconsistente a necessidade de consolidar seus demonstrativos com o objetivo de revelar os resultados auferidos pelo grupo econômico. Abordaremos, na próxima seção, o conceito de grupo econômico e a aplicabilidade da consolidação como fonte de informação relevante.

## Grupo econômico

A definição de grupo econômico à luz dos conceitos contábeis, foco deste livro, é a controladora e suas controladas, que, intrinsecamente, refere-se ao pressuposto da existência de controle de uma entidade sobre outra ou várias empresas, formando assim um único bloco econômico. Vale ressaltar que, de forma análoga, a Receita Federal do Brasil, em sua Instrução Normativa nº 971/2009, art. 494, reforça tal conceito quando caracteriza como grupo econômico de fato duas ou mais empresas que estão "sob a direção, o controle ou a administração de uma delas, compondo grupo industrial, comercial ou de qualquer outra atividade econômica", ainda que cada uma tenha personalidade jurídica própria.

Mediante o conceito de grupo econômico, ainda que as entidades sejam legalmente independentes, a controladora e suas controladas constituem uma única entidade econômica. A esse respeito, a Lei nº 6.404/1976, art. 265, regulamenta a possibilidade de constituição de um grupo de sociedade por meio da controladora e suas controladas, mediante convenção. Então, existe a obrigatoriedade de elaboração de demonstrações consolidadas para esse grupo de sociedade, exigida pelo art. 275 da referida lei. No entanto, como boa parte dos grupos empresariais no Brasil não se formaliza por meio de convenção como grupo de sociedades, não estaria *a priori* obrigada, pela lei societária, a apresentar demonstrações consolidadas. Porém, cabe ressaltar que as sociedades anônimas estão sob a fiscalização da CVM, e por isso devem seguir os preceitos regulamentados na Instrução Normativa nº 247/1996, conforme tratado anteriormente.

A demonstração contábil de cada entidade demonstra sua própria situação patrimonial e financeira; contudo, usuários e tomadores de decisões necessitam estar informados sobre os resultados operacionais e a situação financeira do grupo. Tal necessidade é satisfeita por meio das demonstrações consolidadas, as quais revelam os resultados e posição patrimonial das entidades combinados em um só demonstrativo, fornecendo elementos completos para o real conhecimento da situação financeira do grupo e do volume total de suas operações.

A demonstração consolidada, portanto, combina todos os itens idênticos constantes nas demonstrações individuais de cada entidade, evidentemente eliminando-se todos os saldos de transações entre as mesmas, ensejando o reconhecimento nas controladas de uma provisão para os interesses de acionistas minoritários.

Assim, o conceito segundo o qual as demonstrações consolidadas devem apresentar as operações e resultados das entidades pertencentes a um grupo econômico como se fossem uma só companhia exige que, por exemplo, os recebíveis de uma das entidades consolidadas sejam eliminados contra o montante equivalente devido por outra. Isso porque a entidade controladora não pode ser nem devedora nem credora de si própria. Da mesma forma que, lucros auferidos nas operações entre as entidades do grupo não deve ser reconhecido, tendo em vista que a controladora não pode auferir lucro com ela própria.

No que se refere ao conjunto de entidades pertencentes a um mesmo grupo econômico e elegíveis ao processo de consolidação, destacamos que não serão excluídas aquelas que possuem atividades operacionais ou localização geográfica diferente das demais entidades do grupo, ou seja, a condição fundamental para a inclusão dos registros contábeis de uma controlada na demonstração consolidada é a existência de controle efetivo exercido por sua controladora. Dessa forma, abordaremos em seguida os aspectos relacionados ao controle, na forma de poder e retorno, para consolidar o que foi apresentado na seção "Investimento em controladas", no capítulo 4 deste livro.

## Controle, poder e retorno

No capítulo 4 enfatizamos que a classificação e a forma de mensuração dos investimentos realizados em outras entidades dependem da interpretação do tipo de relacionamento existente entre o investidor e as investidas, afetado pelo grau de influência e de controle. Sumarizamos no quadro 4 essa relação.

### Quadro 4
Avaliação de investimentos

| | Avaliação dos investimentos por participação no capital de outra entidade com foco no relacionamento do investidor com a investida ||||
|---|---|---|---|---|
| Tipo de relacionamento entre investidor e investida | Nenhuma ou pouca influência. | Influência significativa. | Controle. | Controle compartilhado. |
| Classificação do investimento | Ativo financeiro. | Investimentos em coligadas. | Investimentos em controladas. | Investimentos em entidades controladas em conjunto – *joint ventures*. |
| Método de avaliação | Valor justo. | Equivalência patrimonial no balanço individual da controladora. | *Equivalência patrimonial no balanço individual da controladora e consolidação integral.* | *Equivalência patrimonial no balanço individual da controladora e consolidação proporcional.* |

Conforme exposto no quadro 4, o requerimento de elaborar demonstrações consolidadas está diretamente relacionado à existência de controle entre o investidor e a investida. Diante disso, o que significa controle? De acordo com a CPC 36 (R3), § 6, controlar uma entidade significa deter direitos sobre ou estar exposto a retornos variáveis decorrentes do seu envolvimento com a investida, os quais podem ser afetados pelo poder que o investidor é capaz de exercer sobre a mesma.

Além disso, cabe destacar mais profundamente os conceitos de poder e retorno do investidor. Primeiramente, o poder passa a existir, segundo o CPC 36 (R3), § 10, quando o investidor possui direitos que lhe dão a capacidade de dirigir atividades relevantes que possam afetar os retornos auferidos pela investida.

Entre as atividades relevantes de uma entidade podemos citar a compra e venda de ativos significativos, determinação da estrutura de capital da entidade, pesquisa e desenvolvimento de novos produtos ou descontinuação de outros, além de outras atividades que sejam relevantes para cada empresa, considerando a relevância das rubricas, dos processos e do setor de atuação.

No entanto, em seu § 11, o CPC 36 (R3) estabelece que a determinação da existência de poder ou não pode ser uma tarefa difícil, principalmente quando os direitos não estão claramente definidos. Por exemplo, poder adquirido diretamente por meio de maioria de direitos de voto concedidos por instrumentos patrimoniais é facilmente identificado, no entanto, em situações nas quais dois ou mais investidores detêm os mesmos direitos acionários, deve-se avaliar qual possui o maior poder sobre as atividades relevantes da investida, e cujas decisões afetam seus retornos. Às vezes, mesmo que uma entidade investidora exerça influência significativa sobre a investida, isso não significa que ela detenha o poder e, consequentemente, que a controle.

Nesse sentido, para que se determine o controle, conforme § 7 do CPC 36 (R3), é necessário que, além de deter poder sobre a investida, o investidor esteja exposto a ou tenha direito sobre os retornos auferidos pela mesma, ou seja, sobre os ganhos ou perdas resultantes de seu desempenho, conforme abordado e exemplificado na seção no capítulo 4 deste livro.

Para finalizar esta seção, devemos considerar o aspecto da contínua avaliação, conforme CPC 36 (R3), § B80, o qual pressupõe que o investidor controlador deve avaliar permanentemente se eventuais mudanças nos fatos e circunstâncias existentes podem afetar sua exposição ou direitos sobre os retornos da investida, assim como deve reavaliar a ocorrência de certos eventos que impeçam que seu controle possa ser exercido. Caso o investidor deixe de ser o controlador, os devidos ajustes nas demonstrações financeiras consolidadas devem ser realizados para reconhecimento e apresentação da perda de controle. Veremos em detalhe, no final deste capítulo, os procedimentos requeridos para evidenciar a perda de controle.

## Procedimentos para elaboração das demonstrações consolidadas

A norma CPC 36 (R3) prevê procedimentos específicos para a elaboração das demonstrações consolidadas que serão abordados nesta seção. Primeiramente, alguns requisitos contábeis devem ser cumpridos, como veremos a seguir.

1. Adoção de políticas contábeis uniformes, conforme § B87, para consolidação de transações de mesma natureza e eventos em circunstâncias similares, visto que a utilização de políticas distintas causaria distorção nas demonstrações contábeis consolidadas, uma vez que para combinação de demonstrativos pressupõe-se que os montantes de cada entidade foram reconhecidos utilizando-se a mesma base de mensuração e reconhecimento. Dessa forma, caso uma controlada adote políticas contábeis distintas da controladora, deve-se efetuar ajustes para que a demonstração contábil desse membro esteja em conformidade com as políticas contábeis do grupo. Imagine, leitor, que uma controlada apresente suas propriedades para investimento mensuradas a custo histórico e a controladora valorize suas propriedades

pelo método de valor justo, ambos os métodos previstos no Pronunciamento Técnico CPC 28 que trata de propriedade para investimento. Nesse caso, visando à uniformidade das políticas adotadas por ambas, dever-se-ia ajustar as propriedades da controlada a valor justo para fins de consolidação, evitando assim distorções causadas por adoção de políticas contábeis distintas.

2. A data de referência para início da consolidação considera que uma investida deve passar a ser consolidada a partir do momento em que o investidor obtiver o controle. Desse modo, caso o controle seja adquirido no decorrer de um período contábil objeto de consolidação, as respectivas receitas e despesas da controlada serão incluídas nas demonstrações consolidadas a partir da data de aquisição do investimento de forma prospectiva até a data em que a controladora perder o controle, sendo a consolidação, a partir dessa data, não mais aplicável.

Depois de garantida a utilização de políticas contábeis uniformes, definidos os prazos e selecionadas as investidas elegíveis para a consolidação, inicia-se o processo de elaboração das demonstrações financeiras consolidadas. Assim, o referido processo começa pela obtenção das demonstrações contábeis individuais da controladora e de suas controladas, seguida pelo somatório do saldo de cada conta contábil das referidas demonstrações, bem como pela eliminação dos montantes oriundos das transações realizadas entre controladora e controlada(s). Conforme previsto pelo CPC 36 (R3) em seu § B86, listamos os procedimentos na figura 24.

Os procedimentos indicados na figura 24 representam os esforços para que as demonstrações consolidadas representem fidedignamente a posição econômica e financeira do grupo e, para tanto, é necessário que a data base das demonstrações das controladas e

**Figura 24**
Procedimentos para elaboração das demonstrações consolidadas

"(a) combinar itens similares de ativos, passivos, patrimônio líquido, receitas, despesas e fluxos de caixa da controladora com os de suas controladas;"

"(b) compensar (eliminar) o valor contábil do investimento da controladora em cada controlada e a parcela da controladora no patrimônio líquido de cada controlada (o Pronunciamento Técnico CPC 15 explica como contabilizar qualquer ágio correspondente);"

"(c) eliminar integralmente ativos e passivos, patrimônio líquido, receitas, despesas e fluxos de caixa intragrupo relacionados a transações entre entidades do grupo (resultados decorrentes de transações intragrupo que sejam reconhecidos em ativos, tais como estoques e ativos fixos, são eliminados integralmente). Os prejuízos intragrupo podem indicar uma redução no valor recuperável de ativos, que exige seu reconhecimento nas demonstrações consolidadas. O Pronunciamento Técnico CPC 32 – Tributos sobre o Lucro se aplica a diferenças temporárias, que surgem da eliminação de lucros e prejuízos resultantes de transações intragrupo."

da controladora seja a mesma. Caso sejam distintas, as controladas devem elaborar demonstrações financeiras adicionais com a mesma data base da controladora, para fins de consolidação, a fim de unificar o período de reporte. Caso seja impraticável, a controlada deverá efetuar os ajustes correspondentes às transações e eventos relevantes ocorridos entre a data base de suas demonstrações e a data base das demonstrações contábeis da controladora, respeitando a defasagem máxima prevista no art. 248, I, da Lei nº 6.404/1976, de dois meses entre as mesmas. O referido prazo de defasagem também é previsto no CPC 36 (R3), § B93, alinhado com as práticas contábeis da legislação societária brasileira, diferentemente do Iasb que permite até 90 dias.

Além dos procedimentos previstos na norma, devem ser observados aspectos gerenciais recomendados no processamento das informações contábeis das controladas, tais como:

- utilização de um plano de contas contábil único para todas as empresas do grupo econômico, o que facilitará o processo de consolidação;
- verificação da existência de controles internos eficientes que permitam o acompanhamento de todas as transações contábeis realizadas entre as empresas do grupo, exemplificados pela realização de conciliações periódicas dos saldos entre controladora e controladas;
- existência de controle dos saldos e dos resultados auferidos em transações intragrupo;
- adoção de políticas contábeis uniformes pelas empresas controladas.

As demonstrações contábeis consolidadas são preparadas por meio de papéis de trabalho, nos quais são normalmente transcritos todos os saldos de cada conta contábil das controladas e da controladora. Note, leitor, que por esse motivo um plano de contas contábil único para todas as empresas do grupo torna o processo de consolidação mais eficiente e íntegro. Criam-se, portanto, papéis de trabalho para compilação dos montantes contidos nos demonstrativos individuais das empresas, os quais são somados e devidamente reduzidos das eliminações representadas pelas transações entre membros do grupo, resultando nos saldos consolidados que irão compor os seguintes demonstrativos nas demonstrações financeiras consolidadas:

- balanço patrimonial consolidado;
- demonstração consolidada do resultado do exercício;
- demonstração consolidada do resultado abrangente;
- demonstração consolidada da mutação do patrimônio líquido;
- demonstração consolidada do fluxo de caixa;
- demonstração consolidada do valor adicionado.

O quadro 5 ilustra um papel de trabalho modelo para apuração dos saldos consolidados do balanço patrimonial, sendo sugerido o uso do mesmo racional para a preparação dos papéis de trabalho dos demais demonstrativos contábeis citados anteriormente.

## Quadro 5
Papel de trabalho de consolidação

| Descrição | Controladora | Controladas | | | Somatório | Eliminações | | Saldo demonstrações consolidadas |
|---|---|---|---|---|---|---|---|---|
| | Cia. A | Cia. B | Cia. C | Cia. (...) | | Débito | Crédito | |
| | Coluna A | Coluna B | Coluna C | Coluna (...) | Coluna I | Coluna II | Coluna III | Coluna IV |
| **Ativo** | | | | | | | | |
| Caixa e bancos | | | | | | | | |
| Contas a receber | | | | | | | | |
| Outras contas a receber | | | | | | | | |
| Estoque | | | | | | | | |
| Imposto de renda diferido | | | | | | | | |
| Investimentos | | | | | | | | |
| Ágio na aquisição investimento | | | | | | | | |
| Imobilizado | | | | | | | | |
| Depreciação acumulada | | | | | | | | |
| Etc... | | | | | | | | |
| **Total do ativo** | | | | | | | | |
| **Passivo** | | | | | | | | |
| Fornecedores | | | | | | | | |
| Contas a pagar | | | | | | | | |
| Empréstimos | | | | | | | | |
| Provisões | | | | | | | | |
| Imposto de renda a pagar | | | | | | | | |
| Etc... | | | | | | | | |
| **Patrimônio líquido** | | | | | | | | |
| Capital social | | | | | | | | |
| Reservas de capital | | | | | | | | |
| Etc... | | | | | | | | |
| **Total do passivo** | | | | | | | | |

Na coluna "Eliminações", exposta no quadro 5, devem ser incluídos os saldos das transações comuns entre as empresas do grupo, os quais serão eliminados, reduzindo o saldo acumulado resultante do somatório dos demonstrativos individuais. Entre essas eliminações, podemos destacar:

- participações recíprocas referentes à conta de investimento na controladora, assim como os resultados de equivalência patrimonial auferidos no período;

- lucros ou prejuízos acumulados;
- custos dos estoques transacionados pelo grupo, cuja venda para terceiros ainda não ocorreu;
- resultados decorrentes da venda de ativo imobilizado entre investidas;
- débitos e créditos diversos oriundos de operações entre controladora e controladas;
- lucros não realizados de operações entre controladora e controladas.

Vale ressaltar, leitor, que a elaboração da demonstração da mutação do patrimônio líquido consolidado representa um teste para verificar se a consolidação foi elaborada corretamente. Isso porque tal demonstração deverá ser igual à demonstração individual da mutação do patrimônio líquido da controladora, apenas com uma coluna adicional contendo os valores pertinentes à participação dos não controladores ou minoritários.

A elaboração da demonstração consolidada da mutação do patrimônio líquido deve ser elaborada da seguinte forma:

1. os saldos de início e fim do período são extraídos dos valores indicados nos balanços patrimoniais consolidados;
2. o lucro líquido é extraído da demonstração consolidada do resultado do exercício e da demonstração consolidada do resultado abrangente total;
3. em coluna própria, segrega-se a parcela atribuída aos acionistas não controladores no resultado do período e no resultado abrangente total, da parcela atribuível ao controlador;
4. os valores dos dividendos totais distribuídos devem ser a soma aritmética dos respectivos dividendos distribuídos em cada investida, segregando a parcela do controlador e não controladores.

Vale ressaltar, no entanto, que em algumas raras situações o patrimônio líquido consolidado pode ser distinto do patrimônio líquido ou do lucro líquido individual da controladora. Isso pode ocorrer, por exemplo, quando:

- a controlada apura passivo a descoberto, mas a controladora reconhece apenas a despesa com equivalência até o limite do investimento, muitas vezes baseado em responsabilidades societárias limitadas;
- apuram-se lucros não realizados na venda de estoques ou imobilizado da controladora para uma controlada (*downstream*), transação que, apesar de não afetar o cálculo de equivalência patrimonial, afeta a demonstração de resultado e o balanço patrimonial consolidados;
- o valor justo dos ativos líquidos da controlada é diferente do valor contábil do seu patrimônio líquido.

Apesar de não usuais, podem ocorrer outras situações que afetem a relação do lucro líquido ou do patrimônio líquido da controladora com o consolidado.

Prosseguiremos apresentando como devem ser elaboradas as demonstrações contábeis consolidadas, por meio de um exemplo prático no qual a empresa controlada Cia. "B" é sempre uma subsidiária integral, ou seja, nesse caso, a empresa controladora Cia. "A" detém 100% da participação societária da referida controlada.

Inicia-se o processo de consolidação elencando os saldos individuais da Cia. "A" e da Cia. "B" e somando todas as contas contábeis patrimoniais. O próximo passo no processo de elaboração da consolidação é realizar os devidos ajustes para eliminação dos saldos e resultados oriundos de transações entre a controladora, Cia. "A", e sua controlada, Cia. "B". Abordaremos as eliminações por natureza, para melhor ilustração dos procedimentos requeridos para apuração

# DEMONSTRAÇÕES CONSOLIDADAS

dos saldos a serem ajustados, os quais, ao final, deverão ser incluídos no papel de trabalho da consolidação para a apuração final dos saldos da demonstração contábil consolidada do Grupo "AB". Portanto, caro leitor, quais são os ajustes que devem ser realizados no processo de consolidação? Apresentaremos, na sequência, as principais eliminações aplicáveis às empresas em geral, por meio de exemplos diversos para ilustrar os ajustes de consolidação que devem ser realizados por natureza.

## Eliminação de saldos intracompanhias

Para ilustrar a eliminação dos saldos intracompanhias, considere os saldos patrimoniais e de resultado extraídos das demonstrações contábeis individuais hipotéticas da controladora "A" e da controlada "B" apresentados no quadro 6, conforme segue.

**Quadro 6**
Saldos patrimoniais e de resultado das Cia. "Alpha" e Cia. "Beta"

| Descrição | Controladora Cia. A | Controlada Cia. B |
|---|---|---|
| **Ativo** | | |
| Caixa e bancos | 180.000 | 100.000 |
| Contas a receber | 120.000 | 75.000 |
| Duplicatas a receber | 50.000 | – |
| Investimentos | | |
| Participação na Cia. "B" | 125.000 | – |
| **Total do passivo** | 475.000 | 175.000 |
| **Passivo** | | |
| Fornecedores | 75.000 | – |
| Duplicatas a pagar | – | 50.000 |
| **Patrimônio líquido** | | |
| Capital social | 350.000 | 100.000 |
| Lucro retidos (reservas) | 50.000 | 25.000 |
| **Total do passivo + PL** | 475.000 | 175.000 |

Com base nos saldos apresentados no quadro 6, veja a seguir os lançamentos contábeis que devem ser realizados visando à eliminação dos saldos intercompanhias.

a) *Eliminação dos débitos e créditos recíprocos*
Imagine que a empresa Cia "A" tem duplicatas a receber de "B" no valor de R$ 50.000 e que, consequentemente, a Cia. "B" possui o mesmo montante de duplicatas a pagar à controladora. Nesse caso, a eliminação é simplesmente a somatória dos recebíveis entre as empresas, pois o saldo do contas a receber no consolidado responderá somente às duplicatas a receber com terceiros. Caso haja perdas estimadas para créditos de liquidação duvidosa, esta deve ser eliminada na proporção correspondente à parcela calculada sobre as duplicatas a receber intercompanhias.

Para fins de consolidação, devem ser feitos os seguintes lançamentos:

| Ajuste da consolidação | Origem do ajuste | Eliminação no consolidado ||||
|---|---|---|---|---|---|
| | | Ativo || Passivo ||
| Conta contábil | Cia. "A" ou "B" | Débito | Crédito | Débito | Crédito |
| Duplicatas a receber | Cia. A | | 50.000 | | |
| Duplicatas a pagar | Cia. B | | | 50.000 | |

b) *Eliminação da participação da controladora no patrimônio da controlada*
O ajuste do investimento da controladora na demonstração consolidada é requerido, pois, à medida que todos os saldos contábeis e resultados da controladora foram incorporados na consolidação, a não eliminação do investimento causaria uma duplicidade de saldos, ou seja, é como se fossem transferidos valores monetários de uma conta bancária para outra na mesma entidade. Neste exemplo, o saldo do investimento da controladora Cia. "A" na Cia. "B" é de

R$ 125.000, composto pelo aporte inicial de R$ 100.000 somado aos resultados auferidos pela Cia. "B" em períodos subsequentes de R$ 25.000. O ajuste na consolidação seria como segue:

| Ajuste da consolidação | Origem do ajuste | Eliminação no consolidado ||||
|---|---|---|---|---|---|
| | | Ativo || Passivo ||
| Conta contábil | Cia. "A" ou "B" | Débito | Crédito | Débito | Crédito |
| Investimento: participação na Cia. "B" | Cia. A | | 125.000 | | |
| Capital social | Cia. B | | | 100.000 | |
| Lucros retidos | Cia. B | | | 25.000 | |

O saldo consolidado, portanto, é apurado após somatório dos demonstrativos contábeis individuais das Cias. "A" e "B" e respectiva inclusão dos ajustes de eliminação.

## Quadro 7
Apuração da demonstração contábil consolidada

| Descrição | Controladora Cia. A | Controlada Cia. B | Somatório | Eliminações Débito | Eliminações Crédito | Saldo consolidado |
|---|---|---|---|---|---|---|
| **Ativo** | | | | | | |
| Caixa e bancos | 180.000 | 100.000 | 280.000 | – | – | 280.000 |
| Contas a receber | 120.000 | 75.000 | 195.000 | – | – | 195.000 |
| Duplicatas a receber | 50.000 | – | 50.000 | – | (a) 50.000 | – |
| Investimentos | | | | | | – |
| Participação na Cia. "B" | 125.000 | – | 125.000 | – | (b) 125.000 | – |
| **Total do passivo** | 475.000 | 175.000 | 650.000 | – | 175.000 | 475.000 |
| **Passivo** | | | | | | |
| Fornecedores | 75.000 | – | 75.000 | – | – | 75.000 |
| Duplicatas a receber | – | 50.000 | 50.000 | (a) 50.000 | – | – |
| **Patrimônio líquido** | | | | | | |
| Capital social | 350.000 | 100.000 | 450.000 | (b) 100.000 | – | 350.000 |
| Lucro retidos (reservas) | 50.000 | 25.000 | 75.000 | (b) 25.000 | – | 50.000 |
| **Total do passivo + PL** | 475.000 | 175.000 | 650.000 | 175.000 | – | 475.000 |

c) *Eliminação de vendas intracompanhias e lucro não realizado nos estoques*

As operações de venda de estoques da controladora para suas controladas, denominadas *downstream*, ou das controladas para a controladora, denominadas *upstream*, requerem ajustes na consolidação quando tais estoques ainda não tiverem sido transacionados com terceiros, sendo, portanto, necessária a eliminação do lucro não realizado nessa operação. O montante do lucro não realizado nos estoques é calculado com base na estimativa da margem de lucro bruto, com base nos registros históricos contábeis e gerenciais da entidade.

No entanto, caro leitor, quando a venda é realizada a preço de custo, sem lucro ou prejuízo apurado na transação, o ajuste é bem mais simples, pois representa apenas a transferência de ativos que devem ser computados uma única vez no consolidado para que não haja duplicidade destes saldos.

Abordaremos primeiramente a opção de operação *upstream*. Vamos considerar uma nova situação, cujos saldos patrimoniais e de resultado extraídos das demonstrações contábeis individuais da controladora "A" e da controlada "B" são vistos nos quadros 8 e 9, respectivamente.

**Quadro 8**
Balanços patrimoniais – Cias. "A" e "B"

| Descrição | Controladora Cia. A | Controlada Cia. B |
|---|---|---|
| **Ativo** | | |
| Contas a receber | 370.000 | 185.000 |
| Estoques | 100.000 | – |
| Participação na Cia. "B" | 170.000 | – |
| **Total do ativo** | 640.000 | 185.000 |
| **Passivo** | | |
| Fornecedores | 75.000 | – |
| **Patrimônio líquido** | | |
| Capital social | 220.000 | 125.000 |
| Lucro retidos (reservas) | 345.000 | 60.000 |
| **Total do passivo + PL** | 640.000 | 185.000 |

O quadro 8 apresenta os saldos patrimoniais das companhias A e B levantados em determinada data, e o quadro 9, a seguir, evidencia os saldos dos resultados do exercício apurado para o referido período fiscal.

### Quadro 9
Demonstrativos dos resultados do exercício – Cias. "A" e "B"

| Descrição | Controladora Cia. A | Controlada Cia. B |
|---|---|---|
| **Resultado do exercício** | | |
| Receita de vendas | 900.000 | 200.000 |
| Custo de mercadorias vendidas | 600.000 | 140.000 |
| Resultado de equivalência patrimonial | 45.000 | – |
| **Resultado líquido** | 345.000 | 60.000 |

Suponha que a controlada "B" tenha realizado, durante o exercício, vendas de mercadorias à vista para a controladora "A" no montante de R$ 50.000, sendo a margem de lucro bruto estimada de 30%. Primeiramente, vamos efetuar o cálculo dos lucros não realizados nos estoques. Veja o quadro 10.

### Quadro 10
Cálculo do lucro não realizado nos estoques

| Cálculo do lucro nos estoques e do custo de mercadoria vendida | |
|---|---|
| Valor do estoque no ativo da controladora – Cia. "A" | 50.000 |
| (x) margem de lucro da controlada – Cia. "B" – nas vendas para a controladora – Cia. "A" | 30% |
| (=) lucro não realizado incluído nos estoques da controladora – Cia. "A" | 15.000 |
| Custo de mercadoria vendida – CMV ((*) 50.000 – 15.000) | (*) 35.000 |

Após calcular o lucro nos estoques, vamos prosseguir com os ajustes que devem ser realizados para fins de consolidação compilados no quadro 11, adiante.

## CONTABILIDADE DE RECEITAS, CONTINGÊNCIAS E GRUPOS EMPRESARIAIS

- Eliminação do lucro no estoque:

| Ajuste da consolidação | Origem do ajuste | Eliminação no consolidado ||||
|---|---|---|---|---|---|
| | | Ativo || Demonstração do resultado ||
| Conta contábil | Cia. "A" ou "B" | Débito | Crédito | Débito | Crédito |
| Estoque | Cia. A | 15.000 | | | |
| Receita com vendas | Cia. B | | | 50.000 | |
| Custo de mercadoria vendida | Cia. B | | | | 35.000 |

- Eliminação do resultado de equivalência patrimonial:

| Ajuste da consolidação | Origem do ajuste | Eliminação no consolidado ||||
|---|---|---|---|---|---|
| | | Ativo || Demonstração do resultado ||
| Conta contábil | Cia. "A" ou "B" | Débito | Crédito | Débito | Crédito |
| Participação na Cia. "B" | Cia. A | | 45.000 | | |
| Resultado de equivalência patrimonial | Cia. A | | | 45.000 | |

- Eliminação da participação societária:

| Ajuste da consolidação | Origem do ajuste | Eliminação no consolidado ||||
|---|---|---|---|---|---|
| | | Ativo || Passivo ||
| Conta contábil | Cia. "A" ou "B" | Débito | Crédito | Débito | Crédito |
| Participação na Cia. "B" | Cia. A | | 125.000 | | |
| Capital social | Cia. B | | | 155.000 | |

As eliminações, demonstradas individualmente nos tópicos anteriores, estão apresentadas de forma consolidada nos quadros 11 e 12, conforme efeito patrimonial ou no resultado do exercício, e devem ser analisadas em conjunto, pois os lançamentos a débito e a crédito são complementares.

DEMONSTRAÇÕES CONSOLIDADAS

## Quadro 11
### Consolidação da demonstração patrimonial

| Descrição | Controladora Cia. A | Controlada Cia. B | Somatório | Eliminações Débito | Eliminações Crédito | Saldo das demonstrações consolidadas |
|---|---|---|---|---|---|---|
| **Ativo** | | | | | | |
| Contas a receber | 370.000 | 185.000 | 555.000 | – | – | 555.000 |
| Estoques | 100.000 | – | 100.000 | – | (a) 15.000 | 85.000 |
| | | | | | (c) 125.000 | |
| Participação na Cia. "B" | 170.000 | – | 170.000 | – | (b) 45.000 | – |
| **Total do ativo** | 640.000 | 185.000 | 825.000 | – | 185.000 | 640.000 |
| **Passivo** | | | | | | |
| Fornecedores | 75.000 | – | 75.000 | – | – | 75.000 |
| **Patrimônio líquido** | | | | | | |
| Capital social | 220.000 | 125.000 | 345.000 | (c) 125.000 | – | 220.000 |
| Lucro retido (reservas) | 345.000 | 60.000 | 405.000 | (b) 60.000 | – | 345.000 |
| **Total do passivo + PL** | 640.000 | 185.000 | 825.000 | 185.000 | – | 640.000 |

## Quadro 12
### Consolidação da demonstração do resultado do exercício

| Descrição | Controladora Cia. A | Controlada Cia. B | Somatório | Eliminações Débito | Eliminações Crédito | Saldo das demonstrações consolidadas |
|---|---|---|---|---|---|---|
| **Resultado do exercício** | | | | | | |
| Receita de vendas | 900.000 | 200.000 | 1.100.000 | (a) 50.000 | | 1.050.000 |
| Custo de mercadorias vendidas | 600.000 | 140.000 | 740.000 | | (a) 35.000 | 705.000 |
| Resultado de equivalência patrimonial | 45.000 | – | 45.000 | (c) 45.000 | | – |
| **Resultado líquido** | 345.000 | 60.000 | 405.000 | 95.000 | 35.000 | 345.000 |

Analisando-se o saldo consolidado, observa-se que a eliminação do lucro nos estoques evidencia a posição e o resultado econômico do grupo econômico apenas com entidades externas, expurgando assim saldos oriundos de transações internas sem substância para fins de análise das empresas em conjunto.

## Impactos da eliminação da equivalência patrimonial na controladora oriundos de resultados não realizados

No exemplo anterior pudemos observar que, para fins de consolidação, o investimento e os resultados de equivalência patrimonial são ajustados. Assim, vamos aprofundar o entendimento sobre os impactos na controladora. Além dos investimentos, os resultados não realizados referentes a transações intracompanhias também devem ser eliminados do resultado de equivalência patrimonial reconhecido pela controladora em seu balanço individual.

Diferentemente do tratamento dado às coligadas, não será considerado apenas o percentual de participação na investida, ou seja, *todos* os resultados não realizados decorrentes de transações entre as companhias devem ser eliminados. Todos os detalhes acerca dos procedimentos a serem adotados podem ser visualizados na Interpretação Técnica ICPC – 9, em seus § § 55 e 56.

Observe a seguir uma situação prática para visualizar a contabilização dos resultados não realizados entre investidoras e empresas controladas, e os reflexos no cálculo da equivalência patrimonial que deve ser ajustada.

### NA PRÁTICA DE MERCADO

Vamos imaginar agora que a Companhia Investidora detém 65% do capital social votante de uma empresa investida, preponderando nas deliberações das assembleias e tendo maioria dos votos para decidir sobre políticas operacionais e financeiras da investida. Isso faz com que seu investimento seja avaliado pelo método de equivalência patrimonial por se tratar de um investimento em empresa controlada. Observe abaixo o balanço patrimonial da investidora no momento inicial.

| Balanço patrimonial – investidora | | | |
|---|---|---|---|
| **Ativo** | | **Passivo** | |
| Circulante | | Circulante | |
| Bancos | 500.000 | Obrigações a pagar | 250.000 |
| Clientes | 350.000 | Patrimônio líquido | |
| Não circulante | | Capital social | 750.000 |
| Investimentos – controlada | 300.000 | Reservas de lucro | 150.000 |
| Total | 1.150.000 | Total | 1.150.000 |

## DEMONSTRAÇÕES CONSOLIDADAS

Imagine que a investidora comprou um imóvel da investida no valor R$ 170.000,00, dos quais R$ 40.000,00 correspondiam ao ganho de capital na operação. Além disso, a investida obteve um lucro no período no valor de R$ 230.000,00, incluindo o ganho na venda do imóvel. Observe o cálculo referente ao resultado a ser contabilizado pela investidora:

Equivalência patrimonial inicial = R$ 230.000 x 65%    R$ 149.500
Resultado não realizado (total)                       (R$ 40.000)
Equivalência patrimonial ajustada                      R$ 109.500

Note que no cálculo da equivalência patrimonial, o lucro não realizado foi eliminado pelo seu valor total do lucro na venda do imóvel, conforme preceitua a ICPC 09. Note que no caso das controladas não deve ser considerado o percentual de participação no resultado da investida, mas sim o valor integral do lucro não realizado. A contabilização, pela investidora, da compra do imóvel e do resultado de equivalência patrimonial se daria da seguinte forma:

D – Imobilizado:    R$ 170.000,00    Pela compra do imóvel
C – Banco:          R$ 170.000,00

D – Investimentos – Controlada:              R$ 109.500,00    Pelo ajuste da
C – Receita de equivalência patrimonial:     R$ 109.500,00    equivalência
                                                              patrimonial

Considerando que essas operações só ocorreram no período em questão, observe como ficou o balanço patrimonial da investidora no momento subsequente.

| Balanço patrimonial – investidora |||| 
|---|---|---|---|
| **Ativo** || **Passivo** ||
| Circulante || Circulante ||
| Bancos | 330.000 | Obrigações a pagar | 250.000 |
| Clientes | 350.000 | Patrimônio líquido ||
| Não circulante || Capital social | 750.000 |
| Investimentos – controlada | 409.500 |||
| Imobilizado | 170.000 | Reservas de lucro | 259.500 |
| Total | 1.259.500 | Total | 1.259.500 |

Eliminação dos lucros não realizados no ativo imobilizado e tributo na operação

Assim como os lucros não realizados nos estoques abordados anteriormente, o ganho auferido na venda de ativo imobilizado deve ser eliminado para fins de consolidação, considerando as particularidades relacionadas ao cálculo da depreciação e o caráter permanente da operação. Da mesma forma, em operações dessa natureza, a incidência de tributo sobre o lucro também deve ser analisada e ajustada no consolidado. Vejamos um exemplo prático. Imagine que a controlada "B" venda, no final do exercício, um equipamento para sua controladora "A" pelo montante de R$ 120.000,00 apurando nessa operação um lucro de R$ 20.000,00. Considere que o ativo imobilizado possui vida útil residual de 10 anos, sendo 20 anos sua vida útil total, e estava registrado na Cia. "B" pelo montante de R$ 200.000, já depreciado em 50%, apresentando, portanto, um valor contábil líquido de R$ 100.000,00. Desconsidere a premissa de valor residual no exemplo a seguir.

| Cálculo do imposto diferido sobre o lucro | |
|---|---|
| Valor do lucro na transação (ganho de capital tributável) | 20.000 |
| (x) alíquota de imposto incidente | 34% |
| (=) tributo sobre o lucro não realizado | 6.800 |
| **Cálculo do ganho não realizado** | |
| Valor do lucro na transação | 20.000 |
| (-) tributo sobre o lucro não realizado | (6.800) |
| (=) ganho não realizado na venda do imobilizado | 13.200 |
| **Cálculo da equivalência patrimonial na controladora "A"** | |
| Saldo inicial – investimento em B | 120.000 |
| Lucro do exercício da controlada B (participação de A na controlada B – 100%) | 0 |
| (-) ganho não realizado na venda do imobilizado | (13.200) |
| (=) resultado de equivalência patrimonial | (13.200) |
| Saldo final – investimento em B | 106.800 |

O saldo das demonstrações consolidadas é obtido por meio do somatório dos saldos da controladora e da controlada, sendo esse novo saldo ajustado pelas eliminações aplicáveis, tanto nos balanços patrimoniais, quanto nas demonstrações de resultado, conforme apresentado nos quadros 13 e 14.

## Quadro 13
### Consolidação do balanço patrimonial

| Descrição | Controladora Cia. A | Controlada Cia. B | Somatório | Eliminações Débito | Eliminações Crédito | Saldo das demonstrações |
|---|---|---|---|---|---|---|
| **Ativo** | | | | | | |
| Disponível | 625.200 | | 625.200 | – | – | 625.200 |
| Tributo sobre o lucro diferido | 0 | – | – | (a) 6.800 | – | 6.800 |
| Participação na Cia. "B" | 106.800 | – | 106.800 | – | (a) 106.800 | – |
| Imobilizado – equipamentos | – | 120.000 | 120.000 | – | (a) 20.000 | 100.000 |
| **Total do ativo** | 732.000 | 120.000 | 852.000 | 6.800 | 126.800 | 732.000 |
| **Passivo** | | | | | | |
| Fornecedores | 127.200 | – | 127.200 | – | – | 127.200 |
| **Patrimônio líquido** | | | | | | |
| Capital social | 400.000 | 120.000 | 520.000 | (c) 120.000 | – | 400.000 |
| Lucro retido (reservas) | 204.800 | – | 204.800 | | – | 204.800 |
| **Total do passivo + PL** | 732.000 | 120.000 | 852.000 | 120.000 | – | 732.000 |

## Quadro 14
### Consolidação da demonstração do resultado do exercício

| Descrição | Controladora Cia. A | Controlada Cia. B | Somatório | Eliminações Débito | Eliminações Crédito | Saldo das demonstrações |
|---|---|---|---|---|---|---|
| **Resultado do exercício** | | | | | | |
| Receita de vendas | 900.000 | 0 | 900.000 | – | – | 900.000 |
| Custo de mercadorias vendidas | -600.000 | 0 | -600.000 | – | – | -600.000 |
| Ganho na venda de imobilizado | 20.000 | 0 | 20.000 | (a) 20.000 | | 0 |
| Resultado de equivalência patrimonial | -13.200 | 0 | -13.200 | (c) 13.200 | | 0 |
| Tributo sobre o lucro | -102.000 | 0 | -102.000 | | (a) 6.800 | -95.200 |
| **Resultado líquido** | 204.800 | – | 204.800 | 33.200 | 6.800 | 204.800 |

Vale ressaltar que, caso a operação de venda tivesse ocorrido no início do exercício, durante os 12 meses subsequentes à venda, a depreciação no exercício teria sido calculada sobre o valor base de 120.000 pela adquirente do bem, o que significa que se o equipamento tivesse sido vendido pelo valor contábil histórico, não teria sido aumentado pelo lucro na transação em R$ 20.000 e, consequentemente, também não teria sido apurada depreciação sobre esse lucro. Ao efetuar ambos os cálculos, encontramos os seguintes resultados de despesas com a depreciação deste ativo:

| Cálculo da depreciação antes da venda do equipamento | |
|---|---|
| Valor histórico do equipamento | 200.000 |
| (-) depreciação acumulada | (100.000) |
| (=) valor líquido do equipamento | 100.000 |
| Taxa de depreciação anual (20 anos = 5% ao ano) | 5% |
| Valor da despesa anual com depreciação (200.000 x 5%) | 10.000 |
| **Cálculo da depreciação após a venda do equipamento** | |
| Valor de compra do equipamento | 120.000 |
| (-) vida útil remanescente em anos | 10 |
| (=) taxa de depreciação anual (10 anos = 10% ao ano) | 10% |
| Novo valor da despesa com depreciação (120.000 x 10%) | **12.000** |

Assim, a despesa com depreciação calculada sobre o novo valor do ativo impactaria o resultado em R$ 2.000 a mais por ano, devido ao aumento da base de cálculo em R$ 20.000. Esse incremento do imobilizado precisaria ser eliminado para fins de consolidação, bem como o lucro na transação e o imposto diferido sobre o lucro.

Cabe ressaltar que abordamos, nos exemplos anteriores, situações nas quais o patrimônio líquido e o lucro líquido da controlada coincidiram com os do consolidado. No entanto, conforme destacado anteriormente neste capítulo, existem situações em que tais saldos podem não coincidir, por exemplo, quando o valor justo dos ativos líquidos da controlada difere do valor justo das respectivas participações dos controladores e dos não controladores.

Após apuração das eliminações que devem ser realizadas na consolidação, é sugerida a preparação de um papel de trabalho que tabule todos esses ajustes para controle e registro histórico do procedimento adotado na preparação das demonstrações consolidadas, conforme modelo a seguir ilustrado no quadro 15, aplicado aos dados das Cias. "A" e "B".

**Quadro 15**
Papel de trabalho de registro dos ajustes de consolidação

| Referência da eliminação | Descrição da eliminação/ ajuste de consolidação | Papel de trabalho – Consolidação Cia "A" e controladas |||||||
|---|---|---|---|---|---|---|---|---|
| | | Resumo dos lançamentos de eliminação na consolidação |||||||
| | | Conta contábil | Ativo || Passivo || Demonstração do resultado ||
| | | | Débito | Crédito | Débito | Crédito | Débito | Crédito |
| | | | | | | | | |
| | | | | | | | | |
| | | | | | | | | |
| | | | | | | | | |
| | | | | | | | | |

## Participação societária menor que 100%, presença de não controladores

Em todos os exemplos anteriores das Cias. "A" e "B", a controladora possuía participação societária integral, ou seja, de 100%, na controlada. Mas suponha, caro leitor, que a controladora "A" detenha apenas 80% da participação acionária do capital social da controlada "B" e que os outros 20% pertençam a outros investidores não controladores, denominados acionistas não controladores ou minoritários. Nesse caso, as únicas alterações serão realizadas nos saldos da controladora, especificamente na conta "participação na controlada "B"" e, consequentemente, nas contas somatórias "ativo não circulante" e "ativo".

Note que, apesar de usualmente utilizado por outros autores, o termo "minoritário" deve ser utilizado com cuidado e apenas em referência à minoria de participação societária, pois, por vezes, alguns controladores não são necessariamente os majoritários societários, razão pela qual é sugerida a utilização dos termos "controladores" e "não controladores", visto que o controle é determinante para a consolidação.

Vejamos como seria a apresentação e a elaboração das demonstrações consolidadas quando da existência de não controladores, quando teríamos o papel de trabalho de consolidação das empresas "A" e "B" ilustrado no quadro 16.

## Quadro 16
### Papel de trabalho incluindo não controladores

| Descrição | Controladora Cia. A | Controlada Cia. B | Somatório | Eliminações Débito | Eliminações Crédito | Saldo consolidado |
|---|---|---|---|---|---|---|
| **Ativo** | | | | | | |
| Circulante | | | | | | |
| Caixa e bancos | 280.000 | 200.000 | 480.000 | – | – | 480.000 |
| Não circulante | | | | | | |
| Afac | 50.000 | – | 50.000 | – | (a) 50.000 | – |
| Investimentos | | | | | | |
| Participação na Cia. "B" | 120.000 | – | 120.000 | – | (b) 120.000 | – |
| **Total do ativo** | 450.000 | 200.000 | 650.000 | – | 170.000 | 480.000 |
| **Passivo** | | | | | | |
| Fornecedores | 75.000 | – | 75.000 | – | – | 75.000 |
| Patrimônio líquido | | | | | | |
| Capital social | 325.000 | 125.000 | 450.000 | (b) 100.000 (c) 25.000 | – | 50.000 |
| Lucro retido (reservas) | 50.000 | 25.000 | 75.000 | (b) 20.000 (c) 5.000 | – | – |
| AFAC da Cia. A | – | 50.000 | 50.000 | (a) 50.000 | – | – |
| PL atribuído aos acionistas controladores | | | | | | 375.000 |
| PL atribuído aos acionistas não controladores | | | | – | (c) 30.000 | 30.000 |
| Patrimônio líquido consolidado | | | | | | 405.000 |
| **Total do passivo + PL** | 450.000 | 200.000 | 650.000 | 200.000 | 30.000 | 480.000 |

Analisando a coluna de eliminações, foram efetuados os seguintes lançamentos:

| Eliminação dos saldos recíprocos – Afac | | |
|---|---|---|
| (a) Débito | Afac da Cia. "A" | 50.000 |
| (a) Crédito | Afac na Cia. "B" | 50.000 |
| Representa a eliminação do adiantamento para futuro aumento de capital (Afac) realizado pela controladora visto ser um saldo ainda não realizado entre as companhias. | | |

# DEMONSTRAÇÕES CONSOLIDADAS

| Eliminação do patrimônio e constituição da participação dos acionistas não controladores |||
|---|---|---|
| (b) Débito | Capital social | 25.000 |
| (b) Débito | Lucros retidos (reservas) | 5.000 |
| (b) Crédito | Participação de acionistas não controladores | 30.000 |
| Representa a eliminação da participação dos acionistas não controladores calculada aplicando-se a participação de 20% sobre o capital social e reservas da controlada. |||

| Eliminação da participação do acionista controlador no patrimônio líquido da controlada |||
|---|---|---|
| (c) Débito | Capital social | 100.000 |
| (c) Débito | Lucros retidos (reservas) | 20.000 |
| (c) Crédito | Participação na Cia. "B" | 120.000 |
| Representa a eliminação da participação dos acionistas controladores calculada aplicando-se a participação de 80% sobre o capital social e reservas da controlada. |||

Se observarmos com cautela, leitor, a participação dos acionistas não controladores ficará destacada em linha específica no patrimônio líquido da demonstração consolidada, de forma que fique revelado o patrimônio pertencente aos acionistas não controladores e, por conseguinte, a parcela pertencente aos controladores. Caso a empresa "A" detivesse apenas 40% da participação acionária da controlada "B", mas possuísse a maioria das ações com direito a voto assegurando-lhe preponderância nas deliberações sociais e poder efetivo de controlar as atividades relevantes, o tratamento seria o mesmo, pois apesar de ser minoritária seria a controladora. Por esse tipo de situação, verifica-se a importância da utilização do termo "acionistas não controladores" em lugar de "minoritários", visto que não necessariamente os minoritários são não controladores.

Perda de controle

Caso a entidade investidora perca o controle da controlada, em decorrência de novos acordos ou situação de alienação do investimento, presume-se, com base no § B98 do Pronunciamento Técnico CPC 36 (R3), que os seguintes procedimentos sejam realizados para fins das demonstrações consolidadas:

- baixar os ativos e passivos da controlada pelos valores contábeis registrados no momento da perda do controle, assim como os valores atribuídos aos acionistas não controladores;
- reconhecer o valor justo da contrapartida recebido ou investimento retido na ex-controlada.

Atente, leitor, que os resultados do investimento ainda existentes passam a ser avaliados e reconhecidos conforme a nova classificação aplicável e, por vezes, continuam sendo atribuídos por meio da equivalência patrimonial, quando coligada, ou como instrumentos financeiros.

Subsidiárias estrangeiras

Os procedimentos aplicados na consolidação no caso de controladas no exterior, que usualmente possuem moeda funcional distinta da controladora, são definidos pelo CPC 02 (R2), o qual exige que os balanços patrimoniais sejam convertidos pela taxa monetária do final do exercício, e que as demonstrações de resultado sejam convertidas pela taxa média anual, devido ao pressuposto de que as receitas e despesas ocorreram no decorrer do ano. A diferença resultante da conversão patrimonial pela taxa de fechamento e do resultado por taxa média é considerada um ganho ou perda pela desvalorização da moeda da controladora, e deve ser alocado em conta específica no patrimônio líquido denominada *cumulative translation adjustment* (CTA), ou seja, ajuste acumulado de conversão.

Apenas objetivando esclarecer o conceito de moeda funcional citado anteriormente, destacamos que se refere à moeda de referência do ambiente econômico principal no qual determinada entidade opera, sendo, portanto, a moeda utilizada para reconhecimento original dos registros contábeis, e a moeda de apresentação se refere àquela na qual as demonstrações financeiras são apresentadas.

## Evidenciação

Além dos aspectos relacionados à elaboração das demonstrações consolidadas abordados neste capítulo, devemos atentar para as divulgações requeridas pelo CPC 36 (R3), cujas principais revelações se relacionam aos seguintes itens:

- natureza do relacionamento entre a controladora e suas controladas, incluindo a evidenciação de informações sobre o tipo de propriedade acionária, direta ou indireta, poder de voto, entre outras informações;
- explicação do motivo para a controladora não possuir controle nos casos em que a participação acionária na controlada exceder mais de metade do poder de voto;
- revelação da data de encerramento dos demonstrativos contábeis individuais das controladas e evidenciação das exceções, quando aplicáveis, para períodos de apuração distintos ao da controladora;
- divulgação de qualquer cláusula restritiva (*covenants*) advinda de obrigações legais ou formalizadas que restrinjam a distribuição de dividendos, pagamento de saldos intragrupo ou liquidação de mútuos pelas controladas;
- movimentação cronológica das mudanças na participação em controladas e seus respectivos efeitos no patrimônio

líquido consolidado atribuível aos sócios controladores e minoritários. No caso de perda de controle da controlada, devem ser revelados os ganhos ou perdas decorrentes do reconhecimento do investimento remanescente.

As divulgações requeridas pela norma visam maior transparência e possuem o objetivo de informar aos usuários interessados os retornos positivos ou negativos oriundos de participação em controladas, uma vez que, como um único grupo econômico, a performance das investidas deve ser levada em consideração quando analisada a posição econômica e financeira do controlador.

As demonstrações contábil-financeiras consolidadas não são um conjunto de dados agrupados desordenadamente; são, antes, a resposta à necessidade de usuários e tomadores de decisões em conhecer, analisar e revelar situações conjuntas de empresas que reúnem seus patrimônios na mesma comunidade de interesses.

Devemos observar que somente pela consolidação podemos ter a adequada medida de valor patrimonial e financeiro de um grupo de empresas, denominado grupo econômico. Não há apenas que considerar, no caso, os aspectos finais das contas consolidadas, mas, para que esses aspectos possam ser apreciados, é necessária a garantia de que a preparação das contas consolidadas tenha obedecido aos melhores padrões técnicos e que as práticas contábeis das controladas estejam em uniformidade com as políticas adotadas pelos demais membros do grupo.

Enfim, a consolidação, se efetuada por todas as empresas que forem pertinentes, leva ao público em geral, aos credores e possíveis investidores a verdadeira posição patrimonial e financeira de um grupo econômico dentro de seu ramo de atividade.

# Conclusão

As organizações, no desenvolvimento de suas atividades, recorrem a diversas fontes de recursos para conseguir manter, expandir ou aprimorar suas operações. Pelo processo histórico-cultural do Brasil, as empresas buscam por financiamento, de forma predominante nas instituições financeiras, sendo esta a principal opção para captação de recursos. No entanto, apesar desse cenário, os mercados de crédito e de capitais têm se fortalecido no Brasil em decorrência de um maior fluxo de capitais internacionais e da retomada do crescimento econômico desde meados da década de 1990. Assim, os referidos mercados tornaram-se uma eficiente fonte de captação de recursos, não só para as empresas, as quais necessitam de capitais de terceiros para financiamentos de suas atividades operacionais ou de investimentos, mas também pelos investidores nacionais e internacionais.

Nesse contexto, por ser considerada a principal ferramenta de comunicação entre os usuários e as empresas, a contabilidade tornou-se o centro das atenções a partir dessas mudanças no cenário econômico do Brasil. Atrelado a isto, o país começou a ganhar destaque no cenário mundial por se tornar uma excelente opção de investimento, obtendo uma participação maior no fluxo de capitais internacionais. Consequentemente, houve a necessidade de uma linguagem contábil sujeita à comparação com outros mercados, levando à convergência da contabilidade brasileira para os padrões internacionais.

As normas internacionais de contabilidade são delineadas para fornecer solidez e segurança aos usuários das informações contábil--financeiras, notadamente investidores e credores. Sua adoção pelos órgãos reguladores representa uma significativa mudança nas práticas contábeis aplicadas no Brasil, denotando um maior nível de transparência e credibilidade das informações reportadas. As referidas mudanças foram apresentadas ao longo dos capítulos deste livro, com conteúdos atualizados acerca das normas brasileiras de contabilidade que versam sobre as provisões, investimentos, receitas e consolidação das demonstrações contábeis.

Vale salientar que os diversos operadores da ciência contábil, enquanto órgãos normatizadores, ainda estão em processo de atualização e implementação de novas normas. Você, leitor, pôde observar que abordamos neste livro normas que ainda nem estão em vigor no Brasil, a exemplo das IFRS 15 e IFRS 9, mas que, por já terem sido aprovadas pelo Iasb, apresentamos suas principais nuanças e como elas poderão impactar no patrimônio das empresas brasileiras quando passarem a adotar as referidas normas.

Buscamos, no decorrer desta obra, demonstrar que as postulações teóricas, alinhadas com os normativos e com a legislação societária brasileira, podem aprimorar a qualidade das informações contábil-financeiras apresentadas pelas empresas, comprovando empiricamente que o aperfeiçoamento da contabilidade é fruto da observação cética e detalhada da realidade praticada pelo mercado.

Com essa abordagem, nós autoras, como operadoras da contabilidade em nosso cotidiano profissional, sentimo-nos motivadas e com a responsabilidade de disseminar o conhecimento construindo novos aprendizados conjuntos. Esperamos que este livro seja útil para você, leitor, auxiliando-o no aprimoramento dos seus conhe-

# CONCLUSÃO

cimentos técnicos acerca da contabilidade, pois mais importantes que um autor inspirado, são leitores sedentos pela busca incessante do conhecimento. O leitor é sempre o centro do processo, e é ele capaz de fazer a diferença.

# Referências

ALMEIDA, Marcelo Cavalcanti. *Manual prático de interpretação contábil da lei societária*. São Paulo: Atlas, 2010.

BRASIL. Lei nº 6.404/1976, de 15 de dezembro de 1976. Dispõe sobre as sociedades por ações. *Diário Oficial da União*, Brasília, DF, 17 dez. 1977. Suplemento.

_____ Lei nº 11.638/2007, de 28 de dezembro de 2007. Altera e revoga dispositivos da Lei nº 6.404, de 15 de dezembro de 1976, e da Lei nº 6.385, de 7 de dezembro de 1976, e estende às sociedades de grande porte disposições relativas à elaboração e divulgação de demonstrações financeiras. *Diário Oficial da União*, Brasília, DF, 28 dez. 2007.

_____. Instrução Normativa RFB nº 971, de 13 de novembro de 2009. Dispõe sobre normas gerais de tributação previdenciária e de arrecadação das contribuições sociais destinadas à Previdência Social e as destinadas a outras entidades ou fundos, administradas pela Secretaria da Receita Federal do Brasil (RFB). *Diário Oficial da União*, Brasília, DF, 17 nov. 2009.

COMISSÃO DE VALORES MOBILIÁRIOS (CVM). Instrução CVM nº 247, de 27 de março de 1996, com as alterações introduzidas pelas instruções CVM nºs 269/1997, 285/98, 464/2008 e 469/2008. Dispõe sobre a avaliação de investimentos em sociedades coligadas e controladas e sobre os procedimentos para elaboração e divulgação das demonstrações contábeis consolidadas. Disponível em: <www.cvm.gov.br/export/sites/cvm/legislacao/inst/anexos/200/inst247consolid.pdf>. Acesso em: 21 jun. 2015.

COMITÊ DE PRONUNCIAMENTOS CONTÁBEIS (CPC). *Interpretação Técnica ICPC 11* – Recebimento em Transferência de Ativos de Clientes. Brasília, DF: CPC, 2009b.

_____. *Pronunciamento Técnico CPC 23* – Políticas Contábeis, Mudança de Estimativa e Retificação de Erro. Brasília, DF: CPC, 2009b.

_____. *Pronunciamento Técnico CPC 25* – Provisões, Passivos Contingentes e Ativos Contingentes. Brasília, DF: CPC, 2009c.

_____. *Pronunciamento Técnico CPC 27* – Ativo Imobilizado. Brasília, DF: CPC, 2009d

_____. *Pronunciamento Técnico CPC 28* – Propriedade para Investimentos. Brasília, DF: CPC, 2009e.

_____. *Pronunciamento Técnico CPC 31* – Ativo Não Circulante Mantido para Venda e Operação Descontinuada. Brasília, DF: CPC, 2009f.

_____. *Pronunciamento Técnico CPC 38* – Instrumentos Financeiros: Reconhecimento e Mensuração. Brasília, DF: CPC, 2009g.

_____. *Pronunciamento Técnico CPC 39* – Instrumentos Financeiros: Apresentação. Brasília, DF: CPC, 2009h.

_____. *Pronunciamento Técnico CPC PME (R1)* – Contabilidade para Pequenas e Médias Empresas com Glossário de Termos. Brasília, DF: CPC, 2009i.

_____. *Pronunciamento Técnico CPC 01 (R1)* – Redução ao Valor Recuperável de Ativos. Brasília, DF: CPC, 2010a.

_____. *Pronunciamento Técnico CPC 02 (R2)* – Efeitos das Mudanças nas Taxas de Câmbio e Conversão de Demonstrações Contábeis. Brasília, DF: CPC, 2010b.

# REFERÊNCIAS

_____. *Pronunciamento Conceitual Básico CPC 00 (R1)* – Estrutura Conceitual para a Elaboração e Divulgação de Relatório Contábil-Financeiros. Brasília, DF: CPC, 2011a.

_____. *Pronunciamento Técnico CPC 15 (R1)* – Combinação de Negócios. Brasília, DF: CPC, 2011b.

_____. *Pronunciamento Técnico CPC 17 (R1)* – Contratos de Construção. Brasília, DF: CPC, 2012a.

_____. *Pronunciamento Técnico CPC 18 (R2)* – Investimentos em Coligada, Controlada e Empreendimento Controlado em Conjunto. Brasília, DF: CPC, 2012b.

_____. *Pronunciamento Técnico CPC 19 (R2)* – Negócios em Conjunto. Brasília, DF: CPC, 2012c.

_____. *Pronunciamento Técnico CPC 30 (R1)* – Receitas. Brasília, DF: CPC, 2012d.

_____. *Pronunciamento Técnico CPC 35 (R2)* – Demonstrações Separadas. Brasília, DF: CPC, 2012e.

_____. *Pronunciamento Técnico CPC 36 (R3)* – Demonstrações Consolidadas. Brasília, DF: CPC, 2012f.

_____. *Pronunciamento Técnico CPC 40 (R1)* – Instrumentos Financeiros: Evidenciação. Brasília, DF: CPC, 2012g.

_____. *Pronunciamento Técnico CPC 46* – Mensuração do Valor Justo. Brasília, DF: CPC, 2012h.

_____. *Interpretação Técnica ICPC 09 (R2) (R2)* – Demonstrações Contábeis Individuais, Demonstrações Separadas, Demonstrações Consolidadas e Aplicação do Método de Equivalência. Brasília, DF: CPC, 2014.

CONSELHO FEDERAL DE CONTABILIDADE (CFC). Resolução CFC nº 750/1993. Dispõe sobre os princípios fundamentais de contabilidade. *Diário Oficial da União*, Brasília, DF, 31 dez. 1993.

_____. Resolução CFC nº 1.282/2010. Atualiza e consolida dispositivos da Resolução CFC nº 750/1993, que dispõe sobre os princípios fundamentais de contabilidade. Brasília, 2010. *Diário Oficial da União*, Brasília, DF, 2 jun. 2010.

FIPECAFI. *Estoques. IAS 2 – CPC 16 (R1).* Material de apoio Blackboard e-learning. São Paulo, 2012.

HENDRIKSEN, Eldon S.; BREDA, Michael F. Van. *Teoria da contabilidade.* São Paulo: Atlas, 2009.

INTERNATIONAL ACCOUNTING STANDARDS BOARD (IASB). *SIC 31* – Standard interpretations committee, revenue barter transactions involving advertising services. Londres: Iasb, 2001.

_____. *IFRIC 13* – International financial reporting interpretations committee, customer loyalty programmes. Londres: Iasb, 2007a.

_____. *IFRIC 15* – International financial reporting interpretations committee, agreements for the construction of real estate – the financial asset model. Londres: Iasb, 2007b.

_____. *IFRIC 18* – International financial reporting interpretations committee, transfers of assets from customers. Londres: Iasb, 2008.

_____. *International financial reporting standard for small and medium-sized entities* (IFRS for SMEs). Londres: Iasb, 2009.

_____. *IAS 39* – International accounting standard, financial instruments: recognition and measurement. Londres: Iasb, 2010.

_____. *IFRS 10* – International financial reporting standard, consolidated financial statements. Londres: Iasb, 2011a.

_____. *IFRS 11* – International financial reporting standard, joint arrangements. Londres: Iasb, 2011b.

_____. *IFRS 13* – International financial reporting standard, fair value measurement. Londres: Iasb, 2011c.

_____. *IFRS 3* – International financial reporting standard, business combination. Londres: Iasb, 2012a.

_____. *IFRS 5* – International financial reporting standard, non-current assets held for sale and discontinued operations. Londres: Iasb, 2012b.

_____. *IFRS 7* – International financial reporting standard, financial instruments: disclosures. Londres: Iasb, 2012c.

_____. *IAS 11* – International accounting standard, contruction contracts. Londres: Iasb, 2012d.

_____. *IAS 18* – International accounting standard, revenue. Londres: Iasb, 2012e.

_____. *IAS 32* – International accounting standard, financial instruments: presentation. Londres: Iasb, 2012f.

_____. *IAS 37* – International accounting standard, provisions, contingent liabilities and contingent assets. Londres: Iasb, 2012g.

_____. *IFRS 9* – International financial reporting standard, financial instruments. Londres: Iasb, 2014a.

_____. *IAS 27* – International accounting standard, consolidated and separate financial statements. Londres: Iasb, 2014b.

_____. *IAS 28* – International accounting standard, investments in associates and joint ventures. Londres: Iasb, 2014c.

_____. *IFRS 15* – International financial reporting standard, revenue from contracts with customers. Londres: Iasb, 2015.

IUDÍCIBUS, Sérgio et al. *Manual da contabilidade societária*: aplicável a todas as sociedades de acordo com as normas internacionais e do CPC. 2. ed. São Paulo: Fipecafi/Atlas, 2013.

# Sobre os autores

**Suênia Graziella Oliveira de Almeida Santos do Nascimento**
Mestre em ciências contábeis pela Universidade Federal de Pernambuco (UFPE). Possui especialização em normas internacionais de contabilidade e normas internacionais de auditoria pela Fundação Instituto de Pesquisas Contábeis, Atuariais e Financeiras (Fipecafi). Graduada em ciências contábeis pela UFPE. Multiplicadora das IFRS certificada pelo Conselho Federal de Contabilidade (CFC). Superintendente acadêmica da Faculdade Nova Roma. Membro da Rede NAF da Receita Federal do Brasil. Foi coordenadora da graduação em ciências contábeis da Faculdade Nova Roma, obtendo, em sua gestão, o primeiro lugar geral no *ranking* do MEC como melhor curso de Pernambuco. Possui experiência empresarial nas áreas de contabilidade e finanças, com ênfase em S/A e empresas de grande porte. Contadora concursada da Câmara Municipal do Recife. Professora convidada do FGV Management. Membro da ONG Poupa Mais Brasil, que atua com projetos de educação financeira pelo país. Professora da pós-graduação da Universidade Federal de Pernambuco, bem como do Sebrae e dos conselhos regionais de contabilidade de Pernambuco e da Paraíba. Possui publicações de artigos em revistas científicas, bem como em seminários e congressos, nacionais e internacionais.

**Renata Ribeiro Lopes**
Graduada em administração de empresas pelo Ibmec (RJ), *international master in business administration* pela ranqueada instituição Eada (Espanha), além de possuir especializações obtidas por programas internacionais de negócios pela Universidade de Ohio (USA), Universidade Columbia (USA) e Lousanne (Suíça). Tem mais de 12 anos de experiência como auditora, sendo que na sua trajetória profissional fez parte do grupo gerencial executivo da Deloitte Touche Tohmatsu (RJ), na qual participou coordenando projetos de auditoria e consultoria, prestando serviço para grandes companhias nacionais e internacionais, principalmente da indústria de óleo e gás. Participou e coordenou diversos projetos relacionados a diagnóstico/adequação de normas contábeis locais e internacionais (BRGAAP, USGAAP e IFRS), fusões e aquisições, *private placements*, *due dilligences*, emissão de BDRs e ofertas públicas iniciais de ações (IPOs) no Brasil e no exterior. Professora convidada do FGV Management.